L'ANNÉE
DU BIG-MAC

Ce livre est le
VINGTIÈME
publié dans la collection
ROUGE
dirigée par J.R. Léveillé
conception graphique : Bernard Léveillé

DU MÊME AUTEUR
CHEZ LE MÊME ÉDITEUR

Big!; Bullshit;
Sex, Lies et les Franco-Manitobains
théâtre, collection Rouge, 2001

Encore
théâtre, 2003

Marc PRESCOTT

L'ANNÉE DU BIG-MAC
UNE PIÈCE AMÉRICAINE

THÉÂTRE

Saint-Boniface
(Manitoba)

Nous remercions le Conseil des Arts du Canada et le Conseil des arts du Manitoba de l'aide accordée à notre programme de publication.

Maquette de couverture : urban ink Inc.
Mise en pages : Lucien Chaput

Les Éditions du Blé
   340, boulevard Provencher
   Saint-Boniface (Manitoba) R2H 0G7
http://ble.info.ca

Distribution en librairie
   Diffusion Prologue inc.
   1650, boulevard Lionel-Bertrand
   Boisbriand (Québec) J7H 1N7

**Catalogage avant publication
de Bibliothèque et Archives Canada**

Prescott, Marc, 1971-
   L'année du big-mac : une pièce américaine / Marc Prescott.

(Collection Rouge)
ISBN 2-921347-82-2

   I. Titre. II. Collection : Rouge (Saint-Boniface, Winnipeg, Man.)

PS8581.R389A76 2004   C842'.6   C2004-905091-5

© 2004 – Marc Prescott et Les Éditions du Blé

Tous droits de traduction, de reproduction et d'adaptation réservés pour tous les pays.

Au 4805 St-Urbain.
Pour ceux qui y ont vécu,
et qui l'ont fréquenté.

L'Année du Big-Mac a été créée par les finissants de l'École nationale de théâtre du Canada, au Studio Du Maurier, le 12 mars 1999.

William Prozac	Danny Gagné
Henry Prozac	Marc Beaupré
Jacklyn Prozac	Céline Brassard*
Jerry Prozac	Daniel Thomas
Lilianne Paul	Mélanie Delisle
Dieu	Michel Lavoie
Jack Perry	Dominic Darceuil

et Rover, dans le rôle de *Rover*

> ** Comédienne invitée, diplômée du programme d'Interprétation en 1997*

LES COMÉDIENS DES ANNONCES

Geneviève Alarie, Frédéric Boudreault, Pascale Denommée, Éveline Gélinas, Johanne Haberlin, Guillaume Legault, Madeleine Péloquin, Stéphane Poitras, Pierre-Étienne Rouillard, Daniel Rousse, Julien Schmutz, Brigitte Tremblay

Mise en scène	Jean-Stéphane Roy
Assistance à la mise en scène, régie et éclairages	Étienne Boucher
Décors	Stéban Sansfaçon
Costumes	Marie-Pierre Fleury
Ambiance sonore	Nicolas Rollin
Direction technique et de production	Louis Héon

L'auteur tient à remercier André Brassard, Élizabeth Bourget, Diane Pavlovic, Daniel Parent et, surtout, Danny Gagné et Jean-Stéphane Roy.

NOTES DE L'AUTEUR

Les mots en *italiques* doivent être prononcés en anglais.

L'auteur s'obstine à croire que tous les personnages (y compris les personnages dans les annonces publicitaires) peuvent être joués par un minimum de six (6) comédiens. Lorsque vient le temps de faire une annonce, les comédiens sortent de leur personnage et jouent l'annonce.

Dieu et *Jack Perry* devraient être joués par le même comédien. Dans ce cas, Dieu se déguise en journaliste. Cependant, on doit toujours sentir que c'est Dieu.

Le lieu principal est la maison des *Prozac*. Une pièce ouverte qui sert de salon et/ou de cuisine. Donc, peut-être une table de cuisine et/ou un divan. Il peut y avoir une télé, des palmiers, quelques éléphants et trois nains, quoique ce ne soit pas important. Il est important à noter cependant que le décor de la maison des *Prozac* peut être un décor de cinéma, c'est-à-dire un « faux » décor.

Il peut y avoir un lieu pour le studio de télévision. Deux fauteuils peuvent suffire pour suggérer le studio, quoiqu'ils ne soient pas nécessaires.

Ce n'est pas nécessaire d'avoir un lieu désigné pour les annonces – elles peuvent carrément envahir l'espace de la maison des *Prozac*.

Dernière note : *Rover* consomme des stéroïdes anabolisants.

PERSONNAGES

HENRY PROZAC — Le narrateur de l'histoire. Cynique. Signe astrologique : cancer.

WILLIAM PROZAC — Petit frère de *Henry*. Rêveur. Regarde beaucoup la télévision. Numéro chanceux : 7.

JACKLYN PROZAC — Mère de *Henry* et de *William*. Croit qu'elle est une grande vedette de la publicité. Préoccupation première : son chien imaginaire *Rover*. Couleurs préférées : bleu poudre, rose nanane, citrine, vert menthe et fuchsia.

JERRY PROZAC — Père de *Henry* et de *William*. En état de catatonie après avoir reçu une *puck* sur le bord de la tête à un match des *Bruins* dans l'ancien *Gardens* à Boston. Caractéristique dominante : cadavre en vacances – ajoutes-y des poignées, c't'un cercueil.

MARY — Blonde de *William*. Veut se marier avec ce dernier et avoir des enfants. Elle est prête à tout faire pour réaliser ce rêve. Mélodramatique. Plan *back-up* : se faire enlever par des extra-terrestres.

LILIANNE PAUL — Animatrice de l'émission « Les *Stars* du *Stars & Stripes* ». Activité préférée : lire des descriptions de personnages.

DIEU — Dieu tout-puissant, créateur du Ciel et tout le tralala. Souhait le plus ardent : se démarquer du père Noël.

JACK PERRY — Journaliste pour le *Daily News*. C'est tout.

ROVER — Le chien imaginaire de *Jacklyn*.

Vient s'ajouter à cette jolie bande de personnages palpitants un bon nombre de personnages dans de nombreuses annonces publicitaires.

CETTE PIÈCE EST RENDUE POSSIBLE
AVEC L'AIDE DES COMMANDITAIRES SUIVANTS :

La nouvelle barre de chocolat, « AACK ! »

Kleenex Super-Sucker : « *Here's looking atchoo !* »

L'Université de la Cité ancienne post-post-moderne : « l'Université du *party* ! »

After Dark Screen Saver Plus Version Pro 18.2.

Killer Kondoms extra-sensibles : « Portez *Killer Kondoms* si vous ne voulez pas penser à la mort quand vous faites l'amour. »

Le Petit Larousse illustré en couleurs, édition l'Année du *Big-Mac*, version encyclopédique.

Compton's Complete Multimedia Encyclopedia, version collégiale pour enfants surdoués, négligés et/ou battus 6.2 : « On a toutes les réponses. »

Taco Time Super Soft Taco Burrito Mexi-Casa El Dante Inferno Che Ondolé Ondolé Arrriva Arriva Combo.

The Clapper : « *Clap on, clap off, clap on and clap off, the Clapper !* »

La *Royal Academy* de la recherche des moyens d'entreposage des déchets toxiques et des armes chimiques et nucléaires de l'Orégon.

Huggies: « La couche la plus épaisse ! »

Les nouvelles *DynaAerobicSteps Super Series* 2000 du *Dr Scholl's* : « Des semelles intérieures pour les pieds ! »

L'eau de source Évian *light* : « Maintenant sans cholestérol et sans matières grasses ! »

Première réponse *fast and easy* de *Bing Bang*, test de grossesse pour ados : « Parce qu'il était temps que tu le saches ! »

Le nouveau *501 Acid Wash Silver Tab* de *Levi's*, style inversé, modèle coupe classique pour petites avec jambe large décontractée pour taille basse avec 5 poches... « Pour ceux qui aiment les poches ! »

Envie de Gucci : « Eille, j'ai vraiment envie... » Parfum pour homme inodore.

Rainbow Paints : « Quand votre toile de fond, c'est le monde... »

post-moderne :
Santé
l'environnement

SCÈNE 1

Un studio de télévision. On entend la musique thème des « Stars du Stars & Stripes » *animée par Lilianne Paul.*

LILIANNE PAUL. Bonjour à vous chers internautes et téléspectateurs. Bienvenue à cette émission spéciale des «*Stars* du *Stars & Stripes*». Ce soir, nous avons le plaisir de recevoir *Henry Prozac,* le frère de l'ancien candidat présidentiel, *William Prozac*.

HENRY. Bonjour.

LILIANNE PAUL. Votre frère *William* était tout un phénomène.

HENRY. Oui. C'est le moins qu'on puisse dire.

LILIANNE PAUL. Nous sommes très contents que t'aies accepté de venir raconter l'histoire de ton frère extraordinairement populaire, ici à «Les *Stars* du *Stars & Stripes*». Vous savez, il y a au-delà de deux cents millions d'internautes et de téléspectateurs américains qui sont branchés à leur moniteur ce soir pour écouter cette entrevue, *Henry*. L'histoire de ton frère suscite chez le peuple américain un envoûtement dépareillé.

HENRY. Oui, je sais. Si je suis ici, c'est pour démythifier l'histoire de mon frère.

LILIANNE PAUL. Oui, *Henry* nous donnera une dimension humaine au mythe qu'est devenu *William Prozac* après cette pause publicitaire. Je vous rappelle que notre invité spécial est *Henry Prozac*, le frère de *William Prozac*, ici, en primeur, à l'émission spéciale de « Les *Stars du Stars & Stripes* ».

Noir.

SCÈNE 2

PAUSE PUBLICITAIRE

LA TOUTE NOUVELLE
BARRE DE CHOCOLAT
« AACK ! »

Un garçon et une fille sont assis. Le garçon prend une bouchée d'une barre de chocolat.

GARÇON. Aack !

FILLE. Qu'est-ce qu'y a ?

GARÇON. Aack ! Ça goûte la marde !

FILLE. T'exagères.

GARÇON. Je te le dis ! Ça goûte la marde !

FILLE. Ben voyons donc...

GARÇON. Goûtes-y.

FILLE. Pourquoi ?

GARÇON. Parce que... *(Il prend une autre bouchée.)* Aack ! Y faut que tu y goûtes...

FILLE. Montre. *(Elle regarde l'emballage.)* Peut contenir des arachides ? Y savent même pas ce qu'y mettent dans leu's cochonneries ?

GARÇON. Envoye... Goûte!

FILLE, *prenant une grande bouchée.* Aack! Hmph... *(Parlant avec la bouche pleine.)* Pt'ptavais raibphson. Pfc'est dé-leu-sphas-phse!

GARÇON. C'est mauvais, han? *(Le garçon prend une autre bouchée.)* Aack!

FILLE. Passe-moi ça. Y faut que j'y goûte encore! *(Elle croque dans la barre.)* Aack!

LA VOIX DE L'ANNONCEUR. La nouvelle barre de chocolat « Aack! ». Tellement dégueulasse, qu'y faut essayer ça!

Noir.

SCÈNE 3

Même studio que tantôt.

LILIANNE PAUL. Nous sommes de retour avec *Henry Prozac* – le frère de *William Prozac*. *Henry,* la montée en popularité de votre frère *William* a surpris bien des gens. Une vraie montée en flèche. Plusieurs commentateurs croient que sa popularité est due à sa sincérité presque naïve. Qu'est-ce que vous en pensez ?

HENRY. Je suis venu ici pour raconter son histoire. Je vais vous laisser tirer vos propres conclusions.

LILIANNE PAUL. Je vous laisse la parole.

HENRY. Merci. Tout a commencé un certain matin de Noël...

Noir.

SCÈNE 4

25 décembre dans la maison des Prozac, au lever du soleil ou à l'aurore, c'est selon. William est couché sous les branches du sapin de circonstance. Il dort en tétant une lumière de Noël qui clignote dans sa bouche. Jerry est assis dans son fauteuil roulant près de l'arbre. Il est immobile; en état de catatonie. Jacklyn Prozac entre.

JACKLYN. Ah! Comme je suis heureuse d'être de retour! Quelle journée splendide! *(Elle voit Jerry.)* Bonjour *Jerry*, mon amour! Es-tu toujours un légume? *(Un temps, très long.)* Uh-hum. *(Un temps.)* Te réveilleras-tu de ton sommeil catatonique pour témoigner de ton amour pour moi? Genre – te lever de ta chaise et venir m'embrasser passionnément sur la bouche – avec la langue? *(Un temps.)* Ce serait très romantique, tu sais. *(Un temps.)* Et c'est à la mode. *(Un temps.)* C'est vrai. Tu n'as jamais suivi la mode. Dommage. *(Un temps.)* Aimes-tu ma nouvelle coupe de cheveux? *(Un temps.)* Elle est belle, han? J'ai fait ça espécialement pour toi. *(Un temps.)* Mais qu'est-ce qu'il y a? *(Un temps.)* Tu souffres de somnolence? *(Un temps. Il cligne peut-être des yeux.)* Oui? Alors, t'as rien qu'à faire comme moi: prends huit *Valium* avant de te coucher et le lendemain, tu te lèveras pétant d'énergie! *(Elle voit le verre de lait à moitié vide ou à moitié plein – ou peut-être* *que c'est le verre qui est deux fois trop gros – et les miettes des biscuits aux brisures de chocolat.)* Tiens donc! C'est Noël! Mais c'est extraordinaire! J'avais oublié! Est-ce que le père Noël est passé? Est-ce qu'il a mangé nos merveilleux biscuits aux brisures triple-chocolat géantes et a bu notre lait pur et frais, fortifié avec 42 vitamines et de nombreux nutriments additionnels pour des gens vigoureux et soucieux de leur santé «ULTRA'LAIT!» comme vous? Est-ce qu'il a livré des milliers de cadeaux sans frais en appelant dès maintenant au 1-800-123-*X-MAS*? Ah! Comme j'ai hâte de les ouvrir! Je vois déjà la scène... On rira en ouvrant nos cadeaux! Ensuite on chantera des cantiques! Tant de moments *Kodak* à vivre! *(Elle regarde autour.)* Mais où sont mes petits lutins d'amour? *(Fort.) William!* Où es-tu mon petit bout de chou? *Henry?* Où êtes-vous? *WWWWWILL-YYYYYYYAM!*

William se réveille en sursaut et s'étouffe avec la lumière de Noël.

WILLIAM. Foi? De fossé? Maman! T'es revenue!

JACKLYN. *William!* *(Avec un ton accusateur et complice.)* As-tu dormi sous les branches du sapin de Noël?

WILLIAM. J'affenthais le fèle Nowell fis me thus henthormie.

JACKLYN. L'as-tu vu le père Noël?

WILLIAM. Gnon.

JACKLYN. Ah! Comme c'est mignon! Viens ici, mon chouchou adoré! T'as toujours été mon préféré.

Elle l'embrasse sur la bouche. Longtemps. William essaye de se déprendre.

JACKLYN. Qu'as-tu mon petit concombre d'amour? T'aimes p'us les marques d'affection de ta maman préférée?

WILLIAM. Fense fe me thus bwulé 'a 'angue.

JACKLYN. Mon pauvre petit lapin! Et moi qui pensais que tu m'aimais p'us. Va sucer un glaçon hygiénique «*Super E-Z-Ice*». Tu verras, tout ira mieux et c'est tellement rafraîchissant! Reviens vite. J'ai hâte d'ouvrir nos cadeaux.

WILLIAM. Veux-hu que h'aille hercher *Henry*?

JACKLYN. Qui ça, *Henry*? Je connais pas de *Henry*, moi.

WILLIAM. Hon fils, *Henry*.

JACKLYN. Mon fils *Henry*? *(Un temps.)* Mais oui! *Henry*. Tiens, tiens. Je l'avais oublié celui-là.

WILLIAM. Veux-hu que h'aille he hercher?

JACKLYN. Mais non! Va te chercher un glaçon. J'irai chercher *Henry*.

William sort.

JACKLYN. *Henry ? (Un temps.)* Tu dors encore à cette heure ? *Henry !* Où es-tu *Henry ? Heeeeeeeeeeennnnnnnnnnnryyyyyyyyyyy !*

Henry entre.

HENRY. Maman ? Qu'est-ce que tu fais là ?

JACKLYN. Ah tiens ! Te voilà ! Je te cherchais partout, partout. Joyeux Noël mon petit…

HENRY. Ils t'ont laissée sortir ?

JACKLYN. Mais oui ! Ma thérapie d'une semaine à la Clinique de la beauté chronique est terminée !

HENRY. De quoi tu parles ? T'étais pas dans une clinique !

JACKLYN. Je… Mais non ! J'étais à la Clinique, pis ensuite j'ai fait un petit voyage. Des belles vacances.

HENRY. T'étais pas dans une clinique pis t'as pas fait de voyage ! T'étais à l'asile !

JACKLYN. Je… L'asile ? Non. Je… Non. Nenon. *Fuck ! Back-up. Back-up !* Je cherchais quekchose. Merde de *fuck !* Je cherchais quekchose. Qu'est-ce que je cherchais ?

HENRY. Pourquoi t'es pas à l'asile ? Tu t'es évadée ?

JACKLYN. Je… Non, *fuck !* Je cherchais quekchose.

William rentre avec un glaçon dans la bouche.

Henry. Maman ! Môman !

Jacklyn. Qu'est-ce que je cherchais donc ? Le bonheur ? L'indépendance financière ? Le temps perdu ? Merde !

William. Tu herhais *Henry*.

Jacklyn. *Henry ? Henry ! HEN-RYYYYYYY !* Mais où est-il ce petit chenapan ?

Henry. You-hou ! Maman ? Je suis ici.

Jacklyn. Ah te voilà. VOUS voilà, mes deux fils et mon mari. Toute ma famille ! Ah ! Comme je suis heureuse ! Toute ma famille réunie pour ce temps magique qu'on appelle Noël ! Joyeux Noël !

Henry, *à William.* Qu'est-ce qu'a' fait ici ?

William. Est hici pou' Nowell.

Jacklyn. Ah vous savez, ma thérapie m'a fait tellement de bien. Ah ! Tu sais, *William*, à la Clinique de la beauté chronique, une semaine, c'est comme sept jours.

William. Hess que t'es guéwie pou de bon ?

Jacklyn. Ah oui, oui ! Guérie, guérie.

William. Ah, hus hellement hontent pou' toi ! Bwavo !

William embrasse sa mère.

Henry. Je pense que je vas aller me faire un *drink* pour célébrer ça.

Henry sort une bouteille de Jack Daniel's et boit à même la bouteille.

JACKLYN. *Henry,* sers-toi donc un verre ! C'est pas comme ça que je t'ai élevé. On est pas des barbares ici !

HENRY, *à William.* Demandes-y donc à propos de son voyage.

WILLIAM. T'as hait hun voyaze ? Hoù ? Hoù ? Hoù ?

JACKLYN. C'était vraiment fantastique, *William.* J'aurais tellement aimé ça que vous soyiez là avec moi pour voir tout ce que j'ai pu voir. J'aurais dû prendre des photos ! Où c'est que j'ai la tête ?

HENRY. C'est justement la question que je me posais.

WILLIAM. Waconte, waconte !

JACKLYN. Je vas tout' te raconter ça plus tard. Je veux ouvrir nos cadeaux avant ! Doux Seigneur Jésus ! J'ai tellement hâte d'ouvrir nos cadeaux !

HENRY. Ouin. Ça, ça prendra pas longtemps.

Elle se dirige vers l'arbre et regarde en-dessous.

JACKLYN. Y sont où tous les cadeaux du petit papa Noël ?

WILLIAM. Che l'ai hit hantôt. Le père Nowell est pas passé hez nous.

Jacklyn. Tu veux dire qu'on a pas de cadeaux ?

William. Gnon.

Jacklyn. Pas de cadeaux ?

William. Gnon.

Jacklyn. Pas de cadeaux du père Noël ?

William. Gnon.

Jacklyn. Pourquoi pas de cadeaux ? J'ai été une bonne fille c't'année. Qu'est-ce que j'ai fait de pas correct ? Han, petit papa Noël ? Tu descendras pas du Ciel avec tes cadeaux par milliers ? T'as oublié mon petit soulier ? Mais qu'est-ce qu'on a pas fait de correct ?

William. *Henry* dit qu'on a pas d'argent parce qu'on a pas de job.

Jacklyn. Mais… J'en ai une job, moi. Une carrière, même.

Henry. Ah oui ? Laquelle ?

Jacklyn. Je suis une grande vedette de la publicité, moi.

Henry. Ah ! Eh ben… On s'inquiète pas. Le chèque est dans la malle. Mais en attendant que ce chèque imaginaire arrive, nous, les gens ordinaires plus ou moins sains d'esprit qui vivent ici dans la réalité insoutenable qu'impose une existence en-dessous du seuil de la pauvreté parce qu'ils sont au BS et qu'ils doivent s'occuper d'un légume, devront se passer des cadeaux de Noël et se contenter de s'inventer des belles histoires et de manger leur propre marde.

Jacklyn. T'essayes-tu de me dire qu'on est pauvres ?

Henry. Oui. Pis on l'a toujours été, maman.

Jacklyn. Mais… Ça se peut pas. Ça se peut pas que ce soit arrivé. Pas à nous. On est pas des… Ne-non, non, non, *fuck*, dans le cul, *no fuckin' way*, estie ! *Fuck* ! Je veux un cadeau ! Je mérite un cadeau, câlice ! J'ai été une bonne fille, toute l'estie d'année, tabarnac ! *Fuck* ! *Fuck* !

William. Maman, écoute…

Jacklyn. Ah ! Ouff ! Y est là, mon cadeau ! *(Jacklyn ramasse le cadeau imaginaire.)* Y était caché. Oh ! Mon Dieu ! Merci, père Noël !

William. Heuh…

Jacklyn « ouvre » son cadeau.

Jacklyn. Mais mon Dieu, c'est quoi ? Regardez ! Qu'est-ce que c'est ? Je… C'est…

William. Moi, he vois yien.

Jacklyn. Un chien ? Mais oui ! C'est un chien ! Oh ! Comme il est mignon ! Oh ! Regardez-le. Il est parfait. Parfait, parfait. Oh ! Comment est-ce que je devrais l'appeler ?

Henry. Ben, je sais pas. De quoi y a l'air ?

Jacklyn. Y l'air de… de *Rover*! Hein, *Rover*? Est-ce que t'aimes ça? Ouuuuui, t'aimes ça. Ouiiiii. Ouuuui! Oui, oui, oui. T'es le chien parfait. Oui, oui. La perfection! T'es le plus beau chien du monde! Ouiiiiiii! *(Un temps.)* Dis allô à nos petits amis, *Rover*? *(Un temps.)* Oui! Dites allô à *Rover*.

William. Euh… Salut *Rover*?

Jacklyn. Oui! *(À Henry.)* Dis allô à *Rover*. Dis allô. *(Il ne bronche pas. Un temps.)* Dis allô! Dis allô, câlice! Tu vois pas qu'y attend, tabarnac? Dis allô!

Jerry. Agak-agloo-guk-backa-gou.

Jacklyn. *Jerry*!

William. Papa?

Jacklyn. Dis allô à *Rover*, Jerry.

Jerry se lève d'un bond.

Jerry. Enwoye, tabarnac! Passe-moé la *puck*, ostie! Patine! Patine! Passe-moi-la, l'ostie de *puck*! Je suis ouvert! Je suis ouvert. *Shoot*!

Il saute dans le sapin de Noël.

Henry. Et c'est le but!

Noir.

SCÈNE 5

Pause publicitaire

L'Université de la Cité ancienne post-post-moderne :
« *L'UNIVERSITÉ DU PARTY !* »

L'annonceur. Ici, à l'Université de la Cité ancienne post-post-moderne, « l'Université du *party* ! », nous vous offrons une multitude de *partys* à l'année longue ! Des bals masqués, des *partys* à thème et des *partys* pour marquer toutes les grandes occasions de l'année : la rentrée, l'Halloween, le Jour du souvenir, la Pentecôte, ou pourquoi pas simplement célébrer le Mercredi ? Le milieu de la semaine ?

Témoin féminin. Eille ! Le Jour du souvenir, là, j'étais tellement faite que je m'en souviens même p'us !

L'annonceur. À l'Université de la Cité ancienne post-post-moderne, vous n'aurez pas de cours compliqués – pas de cours en matinée – pas de limites sur la consommation de la drogue ou de l'alcool !

Témoin masculin. J'étais en train de parler avec mes chums à un *party* où j'avais bu pas mal pis là, d'in coup – tout le monde me regarde! Ça fait que je me suis chéké... Je m'étais vomi dessus!

Témoin féminin. Je me suis levée un matin – je savais pas où j'étais – j'étais toute nue – pis y avait sept gars avec moé!

Témoin masculin. Je vous jure, je marchais à maison après un *party*, pis à un moment donné, le trottoir m'a sauté dans la face. Woump!

Témoin féminin. J'ai tiré la chaîne, pis je savais pas si c'était l'eau ou la salle de bain qui «spinnait»!

Voix de l'annonceur. L'Université de la Cité ancienne post-post-moderne, l'Université du *party*! Appelez-nous dès maintenant!

Tous les témoins, *en chœur*. L'Université: t'apprendras que c'est rien qu'un gros *party*!

Noir.

- Une satire
- Hédonisme
  - La déchéance des institutions sociales

SCÈNE 6

William et Henry regardent Jerry, qui est allongé par terre près de l'arbre de Noël.

WILLIAM. Ess-qu'on fait avec lui ?

HENRY. On le vend aux enchères – on prend l'argent, pis on s'en vire une bonne.

WILLIAM. On le wemet-tu dans sa haise ?

HENRY. En attendant… Pourquoi pas ?

WILLIAM. Pwends ses jambes. *(Ils le soulèvent à deux.)* Eille ! C'est le fun que maman soit là pour Noël.

HENRY. C'est un gros party. *It's a big big fun.*

WILLIAM. 'A l'air tellement ben, tu trouves pas ? Moi, je pense qu'est guérie pour de bon.

HENRY. On flushera pas ses médicaments tu-suite.

Mary entre à l'épouvante. Elle est en maudit.

MARY. Où c'est que t'étais, hier soir ?

William échappe Jerry.

WILLIAM. Mawy !

HENRY. *Fuck* !

MARY. Où c'est que t'étais ?

WILLIAM. Qui, moi ? J'étais ici.

MARY. T'étais supposé être là, hier soir, avec moi, à la messe de minuit !

WILLIAM. Ah wouin ?

MARY. Ben oui, pauvre nono ! T'étais supposé être là – dans le jubé, avec moi – aux yeux de toute la congrégation ! T'étais supposé tenir ma main pendant le sermon ! Pis après la communion, t'étais supposé me regarder dans le fond des yeux, témoigner ton amour pour moi, me donner une bague de fiançailles, pis me demander en mariage !

WILLIAM. Ben là, z'étais pas au couwant de tout ça.

MARY. Tu comprends tellement rien au sujet du cœur d'une femme ! *(Henry tire son père vers son fauteuil roulant.)* Qu'est-cé qu'y faut que je fasse pour que tu me demandes en mariage ?

HENRY. Ah *fuck* ! Pas encore !

Elle sort un fusil.

MARY. Est-ce qu'y va falloir que je me tire une balle dans' tête pour que tu me demandes en mariage ?

HENRY. Oui ! C'est ça ! Tire-toi une balle, pis je suis sûr qu'y va te demander !

WILLIAM. *Mawy,* non ! S'il-te-plaît ! Tiwe-toi pas hune baille dans' tête !

Mary. T'es ben mieux d'avoir une bague avec toi, sinon… Sinon, je vas appuyer sur la gâchette pis ça va faire *BANG*! Pis y va y avoir des morceaux de cervelle partout dans le salon! Tu m'entends?

William. *Mawy*, non!

Mary. Est où ma bague de fiançailles? Est où, estie!

Elle appuie le fusil sur sa tempe.

William. Whoa, les neyes! Je hais pas de woi tu pales!

Mary. Tu sais pas de quoi je parle? Tu sais pas?

William. Gnon.

Henry. Pourquoi y faut que vous vous mariez?

Mary. Parce qu'y faut! Y faut se marier dans une grosse église avec plein de monde, pis moi je vas porter une belle grande robe blanche avec une longue traîne… Te souviens-tu de ta promesse? « Après les noces, on partira en *honeymoon* pis tu t'offriras à un homme pour la première fois. Tu seras pure. Vierge. On fera l'amour et tu seras enfin comblée. On reviendra jamais ici. On ira vivre dans une belle grande maison, pis on fera des enfants… » T'en souviens-tu? C'est ça que tu m'as promis. Te souviens-tu de ta promesse solennelle?

WILLIAM. J'ai promis ça ?

HENRY. Tu devais être paqueté.

MARY. Oui, tu l'as promis, maudit écœurant ! Pis là, je peux p'us attendre ! Je suis au bout de mon rouleau ! Je suis p'us capable d'attendre ! P'us ca-pa-be ! Tu m'entends-tu ? Je veux que tu me fasses un enfant !

WILLIAM. Là, là ?

HENRY. Envoye mon gars !

WILLIAM. C'est parce que c'est gênant un peu, non ?

MARY. Mon horloge biologique fait tic-tic-tic ! Tic-tic-tic, *William* ! Tic-tic-tic. TIC-TIC-TIC !

Henry réussit à faire asseoir Jerry dans son fauteuil.

WILLIAM. Non, *Mawy*, attends !

MARY. Je suis p'us capable d'attendre. P'us ca-pa-be ! Je vas me tirer une balle dans' tête ! Tu m'entends-tu ?

WILLIAM. Je t'aime, *Mawy* !

HENRY. Ah, *fuck* ! Y m'a bavé dessus ! Crisse, d'écœurant, tabarnac ! Ah, *fuck* !

Henry s'essuie.

MARY. Tic-tic-tic ! Tic-tic-tic ! TIC-TIC-TIC !

WILLIAM. Non, *Mawy* ! Fais pas ça !

Mary. Au revoir, *William*! Au revoir, monde cruel!

William. Nnnnnooonnnn!

Un temps.

Henry. Là, tabarnac, ça va faire, estie de crisse! Tu vois ben qu'a' va pas le faire? A' fait du chantage! Crisse, *William*. *Shake* ta tête, un peu! Tout le monde icitte est en train de faire des esties de *free-game,* estie, même si y jouent avec juste un *flipper* pis que les *bumpers* marchent pas! Crisse, c'est-tu juste dans ma tête à moi que ça fait *tilt*?

Mary. De quoi tu te mêles, toi?

Henry. Tu vois ben qu'y va jamais te marier, crisse!

Mary. Pourquoi pas?

Henry. Parce qu'y est pas capable de rien faire sauf se pogner le beigne! C'est rien que ça qu'y sait faire : *parker* son *steak* devant la T.V. pis envier les grosses vedettes. Crisse, je suis p'us capable de vous regarder aller, maudite *gang* de fous attachés, maudite *gang* de malades mentaux, estie – à rêver de devenir millionnaire comme si c'était votre droit – comme si c'était votre dû – mais vous faites rien pour devenir millionnaire, sauf acheter des billets de loto parce que dans le fond, vous savez que c'est votre seule chance! Ben crisse! Ouvrez-vous donc les yeux pis regardez autour de vous : on vit dans la marde, pis on s'en sortira jamais, câlice ! C'est-y clair ? Arrêtez donc de rêver à la belle vie ! Arrêtez de rêver aux bagues de fiançailles – au prince charmant pis à la belle pitoune avec les gros tétons – à la robe de mariée de princesse à marde – à la belle job de 100 000 piasses – au gros char – à la belle grosse cabane – aux deux enfants : un garçon, une fille – un chien pis une tondeuse pis un gazon pour aller avec ! Pourquoi vous auriez droit à tout ça ? Parce qu'on vous le doit ? *Fuck* ! Pour qui vous vous prenez, estie ? Pour des êtres spéciaux ? Pour des êtres élus ? Comment pouvez-vous être si sûrs que votre vie – contrairement à tous les autres êtres humains de la planète – devrait être une existence enchantée, aisée et confortable ? Tabarnac ! Arrêtez de rêver à ça parce que vous l'aurez jamais, parce que vous êtes une *gang* de minables pathétiques – sans job pis sans futur – pis surtout, sans espoir ! Rendez-vous à l'évidence – une existence heureuse et prospère n'est pas votre droit, maudite *gang* de rêveurs à marde ! Arrêtez de rêver pis faites donc quekchose au lieu d'attendre un miracle en vous enfonçant dans votre propre marde !

MARY. Pourquoi tu dis ça ?

HENRY. Parce que c'est la vérité. Ton chum là, c'est un raté avant son temps – un rêveur – un insignifiant – un rapace – un vaurien – un minus – un zinzin – un twit – un trou de cul moins le quart – un estie de colon – un tourisse – un utopisse *and love* – un fainéant – un nono – un pauvre innocent – une valise – un mangeux de marde – un mangeux de restants – un lotomaniaque à qui on devrait donner une lobotomie ! Vous méritez tous ça : une estie de lobotomie !

William. Tu penses ça de moi pour vrai ?

Henry. Oui, crisse ! *(Il retourne William pour que ce dernier regarde Jerry.)* Regarde : t'es exactement comme lui – sauf que tu marches pis tu parles. Regarde donc la réalité en face de toi ! T'es un estie de vaurien, un *loser* qui aboutira à rien !

Mary. Arrête de dire ça, sinon je vas me tirer une balle dans' tête !

Henry. Bonne idée ! Envoye donc ! Fais-le, estie ! Arrête de faire ton estie de chantage pis fais-lé ! Je suis tellement tanné d'entendre ton estie de chantage mélodramatique à marde… *(Mary place le fusil dans sa bouche.)* C'est ça. Pas assez intelligente pour tourner le *gun* vers moé ! Pis de toute façon, t'aurais pas le courage de me tirer dessus, estie ! Y va jamais te marier, O.K. ? C'est-y clair, ça ?

William. Pou'quoi hu dis tout ça, *Henry* ? Hess qui va pas ?

Henry. Ah, va-t'en ! Décrisse ! Crissez-moi la paix, toute l'estie de *gang* !

William sort.

Mary. *William* ! Pars pas ! *(À Henry.)* C'est vrai que *William* est un *loser*, mais au moins y est pas méchant comme toi.

Elle sort. Un temps.

Jerry. Aga-guck-gla-gluck.

Henry. Ta yeule, estie !

Il renverse le fauteuil de Jerry et sort. Un temps.

Jerry. Guck-guck-goo-goo-ga-bi-bi ?

Noir.

SCÈNE 7

Dans le studio de télévision.

LILIANNE PAUL. Mon Dieu, *Henry*. Je comprends ta frustration. Quelle drôle de famille! On oublie trop souvent les conditions lamentables et la triste réalité de certaines familles américaines. *(Elle pleure ou se mouche, ou les deux.)* Mon Dieu! On ne savait pas à quel point ta famille était malade!

HENRY. Oui, c'est vrai. C'était grave. Mais permettez-moi quelques petites explications. Tout a basculé, pour nous, un soir fatidique à Boston. Voyez-vous, mon père nous avait emmenés, *William* et moi, aller voir un match de hockey quand on était tout-petit. Les *Rangers* jouaient contre les *Bruins* dans l'ancien *Gardens* de Boston. En troisième période, une *puck* a dévié dans la foule, pis est venue dans notre direction. On a pas eu le temps de réagir. MON PÈRE A REÇU LA *PUCK* SUR LE BORD DE LA TÊTE! On l'a emmené tu-suite à l'urgence. Y était dans le coma. Quand son état est devenu stable, on a dû le ramener à la maison. On avait pas d'assurance. Ma mère pouvait pas s'occuper d'un malade, de deux enfants, pis travailler par-dessus le marché. Elle a fait ce qu'elle a pu. Mais c'était trop lui demander. Elle est humaine, vous savez. Elle a fait une grosse dépression et pis, elle s'en est jamais tout à fait remise. Oh! Je vous dis… Ç'allait mal à la shoppe. Ma mère passait des journées entières devant la télé. Des années entières! Pis là, fouille-moi pourquoi, ma mère s'est mis à s'imaginer qu'elle était une vedette de la publicité. Une grande vedette. C'était triste à voir. Tellement triste. Tragique, même.

LILIANNE PAUL. Oh, oui! C'est très tragédique tout ça.

HENRY. Je le sais. Quand j'y repense…

Henry renifle. Lilianne lui donne un mouchoir.

LILIANNE PAUL. Pleure, *Henry*. Ça fait du bien. Allez-y. Sors le méchant.

HENRY, *soudain*. Non!

LILIANNE PAUL. C'est ça. Sois fort pour nous, *Henry*.

HENRY. Moi pis *William*, on s'occupait l'un de l'autre, pis étant donné que j'étais le plus vieux, c'est moi qui a assumé le rôle de parent.

LILIANNE PAUL. Mon Dieu. On prend une pause et on vous revient dans deux petites minutes.

Noir.

SCÈNE 8

ANNONCE PUBLICITAIRE

NICOSTOP ULTIMATE

L'ANNONCEUR. *NicoStop Ultimate* n'est pas seulement un plaster pour arrêter de fumer. C'est le moyen ultime d'abandonner la dépendance au tabac. Le système *Ultimate* vous propose deux étapes distinctes. Vous commencerez par vous placer un timbre transdermique sur l'avant-bras, qui diffusera 15 mg de nicotine par jour pour une période d'une à six semaines. Lorsque la première étape est terminée et si vous ne ressentez plus le besoin de fumer, vous pourrez cesser le traitement. Cependant, s'il vous est impossible de rompre de façon définitive avec le tabac, nous vous proposons la deuxième étape : l'étape ultime.

On voit un homme ligoté, une cigarette éteinte dans sa bouche. Directement devant lui, il y a un peloton d'exécution.

LE CHEF DU PELOTON D'EXÉCUTION. Avez-vous une dernière requête ?

L'HOMME LIGOTÉ. Du feu.

Le chef du peloton d'exécution. FEU !

Le peloton tire. L'homme meurt.

L'annonceur. *NicoStop Ultimate* – le moyen ultime d'arrêter de fumer.

Noir.

MP critique la dépendance

POST-MODERNITÉ ;
La santé

MP critique de changer la dépendance par une autre

SCÈNE 9

Jacklyn entre dans sa chambre à coucher. Jerry est assis dans son fauteuil roulant.

JACKLYN. Viens *Rover*! Viens. C'est ça! Beau chien! Beeeeeau chien parfait à maman! Là, *Rover,* tu vas te coucher ici. Oui, bon, bon, chien, chien. Moi, je dois me maquiller pour notre souper de famille ce soir. Notre réveillon. Voyons, voyons. Tout doit être parfait. Comme toi! *(Elle se regarde dans le miroir.)* Aimes-tu ma nouvelle coupe de cheveux, *Rover*? Tout le monde en parlait dans mon groupe de thérapie. Ç'a vraiment fait fureur! Ah! Je suis tellement chanceuse d'avoir un chien comme toi! Je suis tellement heureuse! Je me sens… rajeunie. Pleine de confiance! Ah! J'ai le goût de travailler. Oui! C'est vrai! Je me sens prête. *(Elle se lève. À la foule.)* Mesdames... Lorsque vous avez une vaginite, il n'y a rien de mieux que «Vagi-Soin». Une seule application suffit pour vous guérir! Et pourquoi pas faire comme moi et partager ce plaisir avec votre partenaire? *(À son partenaire qui est hors-champ.)* Chéri? J'ai une vaginite! Voudrais-tu m'aider avec l'application de «Vagi-Soin»?

JERRY. Ata-pluck-pluck-phiss.

JACKLYN. Utilisez « Vagi-Soin » pour retrouver le plaisir des vaginites. *(Elle s'assoit.)* Ah oui ! Je suis prête à travailler. Je le sens. Oui, oui, oui ! Je vas reprendre ma place au sommet de la publicité. Je vas récolter un *Oscar*, c'est sûr ! *(Elle s'arrête.)* Où est-ce que j'étais moi là ? *(Elle regarde dans le miroir. Horrifiée.)* C'est quoi ça ? Une ride ? Une ride ! Mon Dieu ! Une ride ! Câlice de crisse ! Qu'est-ce j'ai pu faire pour avoir une ride comme ça, baptême ? J'ai trop souri aujourd'hui ! J'étais trop heureuse de te voir *Rover*. *(Un temps.)* Non, non. Pleure pas, *Rover*. C'est pas de ta faute. Viens ici *Rover*. Viens ici. Ouuuiiii. Inquiète-toi pas, *Rover*. Je vas me faire remonter les plis du visage, c'est tout ! Ouuuiiii. Pis après, je serai parfaite... Comme toi, *Rover*. Ouuuuiiii. *Rover* ! *(À Jerry.)* Tu vois ce qu'il fait, *Jerry* ? Y liche mes larmes ! Ouuuiiii. Merci, *Rover*. Ouuuuiiii. Maman t'aime, *Rover*. Liche ! C'est ça. Liche ! *(Elle place sa main dans ses petites culottes.)* Oh oui ! Liche ! Liche, *Rover* ! Liche !

Noir.

→ Refus de la réalité
→ Elle se réfugie dans une fiction
→ La fiction est son refuge.

→ Réflexe qu'elle a VS maladie

Refus que son mari soit légume
Refus d'être pauvre

Jacklyn
post-moderne
Individualisme dans son comportement

SCÈNE 10

PAUSE PUBLICITAIRE

1-976-MEAT-MEE

LA FEMME TÉMOIN. À mon âge, c'est difficile de trouver l'amour. Je le cherchais partout : dans les cours d'écoles, sur les terrains de jeux, dans les garderies. Ç'allait mal. Pis un jour, j'ai appelé 1-976-*MEAT-MEE* et j'ai trouvé le garçon de ma vie : Pedro – un petit scout qui est toujours prêt…

PEDRO. Toujours prêt.

LA FEMME TÉMOIN. …et qui sait garder les secrets. Merci 1-976-*MEAT-MEE* !

VOIX DE L'ANNONCEUR. Tous vos appels sont confidentiels. 1-976-*MEAT-MEE*. 1-976-632-8633…4. Qu'est-ce que vous attendez ? Appelez-nous dès maintenant.

Noir.

SCÈNE 11

William est dans le salon.

WILLIAM. *Henry* pense que je suis un vaurien. Un *loser*. Y a raison. Je fais rien avec ma vie sauf attendre un miracle qui arrivera jamais. Y faut que je me prenne en main ! C'est moi le maître de mon destin ! Pis ça commence aujourd'hui ! Oui ! Pis la première chose que je vas faire, c'est d'arrêter de watcher la télé. Comme ça, je vas p'us envier les grosses vedettes. *(Il s'assoit. Un temps.) Henry* a raison. La télé, c'est du poison. Du caca. *(Un temps.)* À partir de maintenant, je regarde p'us la télé !

JERRY. Ta-tooou-ta-ta-té-té-ta-ta-té-lé-toooou !

WILLIAM. Merci, papa. Je sais que chus capabe. Oui. Chus ca-pa-be. *(Un temps.)* P'us de télé. *Yessir. You bet*, c't'un pet. *(Un temps.)* Je serai un nouvel homme. *You bet*, tigidou-lai-lai. *(Il s'assoit. Un temps.)* Coudonc… C'est platte, t'à coup. *(Un temps.)* C'est pas grave. Y faut juste que je m'occupe l'esprit. *(Un temps.)* Je suis comme un gars sur une île déserte. Comme Larry Robinson Krishna. *(Un temps.) Oh yes. (Un temps.)* Comme *Gilligan's Island*. C'était bon ça, han ? *Shit* ! Y faut pas que je pense à ça ! *Oh boy, oh boy, oh boy, oh boy*. Je suis dans le trouble, là. Je glisse mentalement. Je glisse. Je tombe. *Oh boy*! Je suis pas capabe! Je suis p'us capabe! Oh *my God*! Non!!!!! Sauvez-moi! Je sus p'us capabe! *(Il tombe à genoux.)* Dieu, s'il-vous-plaît, aidez-moi! *(Un temps.)* J'ai besoin de regarder la télé sinon, je vas mourir drette-là! *(Il commence à halluciner.) Mister Spock? Matlock?* Nooooonnnnn! Allez-vous-en! NNNOOONNN! Auuugh! Allez-vous-en! *(William se lève et se dirige vers la télécommande. Il se bat pour ne pas la prendre dans ses mains.)* Y me faut de la télé! Sinon, je vas crever! *(Il ramasse la télécommande malgré lui mais se donne des coups pour empêcher de viser la télé avec la télécommande.)* Du *Oprah* ou *Star Trek* ou *Dallas*! N'importe quoi! Même les nouvelles! Même les maudites nouvelles plattes à mort. *(Il se lance par terre puis chantonne la musique thème d'une émission de nouvelles piètrement.)* Juste une annonce! *(Il chantonne.)* «*Scratch up my butt; Rice Crispies*!» «*Ford*, la qualité avant tout.» «*Rainbow Paints*. Quand ta toile de fond, c'est le monde!» *(Il lance la télécommande.)* Non! NOOONNN! *(Il continue à se battre contre des forces invisibles.)* Papa! Papa! Aide-moi. AIDE-MOI! *(Jerry ne bronche pas.)* Y faut que je vois du monde! Du vrai monde, à la télé! Noooonnnn! Aaahhh! Arrrgh! Je suis possédé! Mon Dieu... Dieu, aide-moi! DI-YEU! Où c'est que t'es Dieu quand on t'a vraiment de besoin? Aaaaaaaaaahhhhh! *(Il s'avance vers la télé, mais se retient en se lançant par terre et en se donnant des coups de poing.) Today in the financial markets… Huggies;* « la couche la plus épaisse » *hi honey I'm home* il s'empare du disque dans la zone des *Bruins Lucy! You've got some esplainin' to do!* Une recette de sucre à crème aujourd'hui *Mel, kiss my grits!* Allô, môman! *What's up doc? I t'ouhgt I taw a puttee cat.* Il lance… et c'est le but! *Ahhhhhhh Shuattup! Captain! I can't hold her any longer! She's gonna blow!*

William tombe, essouflé. Puis soudain, on voit une grande lumière à contre-jour avec plein de boucane pour mieux voir les éclairages. Dieu sort du frigo. Il est costumé en père Noël. Il porte un baril familial de « Poulet Frit Kentucky » et un Coke.

WILLIAM. De cossé?

JERRY. I-gou-co-gou-ssé?

DIEU. Salut William. *(Au sujet de la cuisse de poulet.)* C'est donc ben bon, ça. Ça existe pas dans la nature, mais c'est ben bon.

WILLIAM. T'es qui, toi?

DIEU. Attends. Je vas rincer ça avec du… *(Il regarde la cannette.)* …du Coke? *(Il boit.)* Vous êtes ben ingénieux, mes petits êtres humains. J'aurais jamais pensé à créer ça, du Coke. Je suis très fier de vous, mes petites créatures. Vous m'étonnez à chaque fois. Regarde ça. *(Il lui montre ses chaussures.)* Des *Nike Air*. C'est comme marcher sur un nuage. Vraiment. Ah! *William*, si tu savais…

WILLIAM. T'es qui, toi ? Pis comment tu sais mon nom ?

DIEU. Ben, c'est ben évident. Je sais tout. *(Un temps.)* Ben voyons donc, *William*. Regarde-moi un peu.

WILLIAM. T'es-tu qui je pense que t'es ?

DIEU. Qui c'est tu penses que je suis ?

WILLIAM. J'ai un doute là… Je suis pas sûr, mais je pense que t'es Dieu.

DIEU. Bravo, *William* !

WILLIAM. C'est toi Dieu ?

DIEU. Dieu, tout-puissant, créateur de la Terre, pis de tout le tralala.

WILLIAM. Wow !

DIEU. Merci, merci.

WILLIAM. T'es sûr ?

DIEU. T'as un doute ? T'es sceptique ?

WILLIAM. C'est pas à tous les jours qu'on a Dieu devant nous. C'est un peu fort.

DIEU. T'as besoin d'une preuve pour te rassurer que t'hallucines pas ?

WILLIAM. Ça me mettrais un peu plus à l'aise. Je voudrais pas me poser des questions par après.

Dieu. Je te comprends, *William*. Très bien. Alors, tu veux une preuve… Bon ben, je sais tout. Demande-moi n'importe quoi.

William. N'importe quoi ?

Dieu. Demande-moi quekchose que seulement Dieu pourrait savoir.

William. Euh… Qui a cassé le vase de mes parents ?

Dieu. C'était *Henry*.

William. Câlice ! Tu devrais le dire à ma mère ! A' me croit pas !

Dieu. Es-tu convaincu, là ?

William. Attends. C'est quoi le secret de la Caramilk ?

Il s'approche et le lui souffle dans l'oreille.

Jerry. A-go-gou-ga ?

William. C'est rien que ça ?

Dieu. Convaincu, là ? Parce que j'ai pas rien que ça à faire. Je m'en vas à un *rave* à soir avec Marie-Madeleine.

William. Pourquoi tu t'es déguisé en père Noël ?

Dieu. Je me suis déguisé comme ça pour faire certain que tu me reconnaisses. Ça serait plate que je t'accorde la grâce d'une visite, pis que tu me reconnaisses pas. Alors, j'ai mis les chances de mon côté et j'ai décidé de me présenter à toi comme tu m'as toujours imaginé.

WILLIAM. *Wow*! C'est *hot*!

DIEU. J'ai fait ça pour toi, *William*.

WILLIAM. Tu sais, j'ai toujours pensé que ton rôle ressemblait à celui du père Noël.

DIEU. Oui, je sais. Parce que je donne des cadeaux.

WILLIAM. Pis dans ma tête à moi, je me disais que tu ressemblais au Colonel *Sanders*.

DIEU. À chacun son Dieu.

WILLIAM. Mon Dieu! J'en reviens pas que t'aies tout fait ça pour moi. Il me semble que je suis pas digne…

DIEU. Tut-tut-tut, *William*.

WILLIAM. Je suis pas digne! *Henry* a raison. Je suis un vaurien. Un *loser*.

DIEU. Si je suis venu te visiter, c'est parce que tu dois être un gars ben spécial. Je viens pas visiter n'importe qui, moi!

WILLIAM. Ouin, j'imagine.

DIEU. J'ai entendu ton appel et je suis venu t'aider, *William*.

William. C'est fin.

Dieu. Alors, qu'est-ce qui va pas, *William* ?

William. Ah… *Henry* m'a dit que je suis un *loser*, pis y a raison. Y faut que je me prenne en main. Je veux pas passer ma vie à pourrir devant la télé pis à envier les autres. Je veux faire quekchose avec ma vie. Je veux faire une différence. Je veux que le monde dans la rue me regarde pis qu'y disent : « Ça, c'est que'qu'un. Ça, c'est *William Prozac* ! » Je veux qu'on se souvienne de moi. Je veux que mon nom soit dans le dictionnaire ! Je veux qu'on enseigne mon histoire aux enfants ! *(Un temps.)* Je veux devenir président des États-Unis !

Dieu. *Wow* ! Comment tu vas faire ça ?

William. J'ai aucune idée. Ah ! Je sais pas comment on fait ça, devenir président ! C'est impossible ! Je suis rien qu'un *loser*, moi.

Dieu. Tant que tu penses comme ça, *William*, tu feras rien de la vie. Moi, je crois sincèrement que tu as toutes les qualités nécessaires pour devenir un grand président. La seule chose qu'il te manque, c'est de croire en toi – de croire à ton rêve et de croire à tes idées.

William. Facile à dire.

Dieu. Moi, je crois en toi, *William*. Moi, je crois que ton rêve est possible. Y faut juste que toi, tu y crois.

WILLIAM. Je veux devenir le plus grand président de tous les temps ! Je veux qu'on mette ma face sur le *Mount Rushmore* !

DIEU. Bravo, *William* !

WILLIAM. Est-ce que tu vas être là pour m'aider ?

DIEU. Je serai jamais très loin, *William*.

WILLIAM. Okidou ! Je vas le faire ! Je vas me lancer dans la campagne présidentielle !

DIEU. Rappelle-toi une chose, *William*. Si t'as confiance et que tu crois en toi – le public va t'élire comme ça. *(Il claque des doigts et disparaît. Hors-scène.)* Ooops. *(Il claque des doigts de nouveau et réapparaît.)* C'est aussi simple que ça. Viens, *William*. Allons préparer ta campagne.

JERRY. I-gou-dou-dou-té-ta-gu-ju-bu.

Noir.

SCÈNE 12

PAUSE PUBLICITAIRE

« *CET HIVER, JE ME TUE!* »

LA VOIX DE L'ANNONCEUR. Cette semaine à «Cet hiver, je me tue!»

L'HOMME. Ben, je pensais faire ça icitte dans ma cave. J'ai emprunté le *gun* de mon beau-frère. C'est une carabine, ça fait que je me dis que ça devrait faire la job.

LA JEUNE FEMME. Je vas prendre deux grosses bouteilles d'aspirine. Je vas les faire fondre dans l'eau bouillante, pis je vas les boire.

L'HOMME. C'est parce que ma femme m'a laissé, pis je buvais comme un trou. J'ai perdu ma job, pis là, j'arrive pu à payer ma pension alimentaire, ça fait que, tsé…

LA JEUNE FEMME. Je fais ça parce que mon chum m'a laissée. Quand y va voir ça à la télé, j'espère qu'y va se sentir coupable.

LA VOIX DE L'ANNONCEUR. Ce soir à 20 heures, suivi de *Torture* sur *Death T.V.*

Noir. → mise en marche d'un parcours tragique ←

SCÈNE 13

Henry entre dans le salon. Jerry est assis dans son fauteuil. Henry voit un sac énorme de gâteries pour chien.

HENRY. Crisse! C'est quoi, ça? *Fuck*! On a pas d'argent à gaspiller sur du manger de chien pour un chien qui existe même pas, tabarnac! Câlice! Crisse, là, il nous reste p'us d'argent! *Fuck*! Est-ce qu'il va falloir qu'on mange de la bouffe de chien, baptême? *Fuck*!

Mary entre avec son fusil.

MARY. Y est où, *William*?

HENRY. Je sais pas.

MARY. Ça fait trois jours qu'y est parti!

HENRY. Y s'est peut-être fait enlever par des extra-terrestres.

MARY. Ah oui? Maudit chanceux! Pourquoi y m'ont pas enlevée moi avec?

HENRY. Ah, ça, c'est un mystère.

MARY. Tu penses-tu qu'y va revenir?

HENRY. Je m'en crisse.

MARY. Je peux pas vivre sans lui.

HENRY. Ah *fuck*! Ça recommence.

MARY. Je ne peux pas supporter l'idée de vivre ma vie sans *William*! Ma vie a perdu tout son sens, alors je dois m'enlever la vie. Oui, vous m'avez bien entendu puisque c'est exact. Je vas me tuer à l'instant même. Je vas me tirer une balle dans' tête. Avec un *gun*. Je vas le mettre dans ma bouche, pis je vas appuyer sur la gâchette, pis ça va faire *BANG*!

HENRY. Ouin, ouin, ouin. Quand y disent, « goût amélioré » pour le manger de chien, comment on est sensé le savoir ?

MARY. Non! Essaye pas de m'arrêter. Ça sert à rien. Je suis sérieuse cette fois. Très sérieuse. Sérieusement. Sérieuse.

Elle pointe le fusil à sa tête. Henry s'installe dans un fauteuil en face de Mary, puis ouvre le sac.

HENRY. Je sais. *(Il mange un biscuit.)* Pas pire. Pas pire pantoute. Wouf. Wouf.

MARY. Non, non. Pas la peine. Y a rien qu'y me fera changer d'idée.

HENRY. Attends une seconde! Y faut que *Rover* voit ça. (Fort.) *Rover*? Viens ici, mon petit tabarnac! Ouuuuiii! Viens voir *Mary* se tirer une balle dans' tête.

MARY. Tu diras à *William* que je l'aimais.

HENRY, *à Mary.* Oui, oui. *(À Rover.) Rover*? Est-ce que tu veux une gâterie? As-tu été un bon chien, aujourd'hui? Oui! Tiens, *Rover*, attrape! *(Il lance un biscuit dans l'air. *** Effet spécial *** Si votre budget le permet, louez une machine à gravité pour que le biscuit tombe par terre. Ce serait un effet spécial du tonnerre!)* Bravo, *Rover*!

MARY. Au revoir…

JERRY. Igu… Ibu… Iphu-phu-phnu.

MARY. Au revoir…

JERRY. Apha-aphana-guk.

HENRY. Ah, 'scuse, papa. Tu veux une gâterie? As-tu été un bon pôpa, aujourd'hui? *(Il ne répond pas.)* Ouuui! T'es un gros pôpa gâté, toi.

MARY. Au revoir, monde cruel!

Elle place le fusil dans sa bouche. Henry lance un biscuit vers Jerry. Jerry l'attrape avec sa bouche.

JERRY. Wouf. Wouf.

Un temps.

HENRY. Han?

Henry lance un autre biscuit. Jerry l'attrape.

JERRY. Wouf. Wouf.

Jacklyn entre.

HENRY. Non mais, c'est extraordinaire! Du *fun* pour toute la famille!

Il lance un autre biscuit. Jerry l'attrape.

JERRY. Wouf. Wouf.

JACKLYN. Qu'est-ce que tu fais, câlice ? *(Un temps.)* C'est épouvantable, tabarnac ! Qu'est-ce qui te prend, baptême ? C'est le manger à *Rover,* estie ! Touches-y pas !

HENRY. Eille, crisse ! On a p'us rien à manger ! Qu'est-cé qu'y t'a pris à aller acheter du manger pour chien ? On a pas une cenne, nous autres ! T'as dépensé tout notre argent !

JACKLYN. On a plein d'argent ! Je suis une vedette ! On est riche, riche ! On est tellement riche que ç'en est indécent !

HENRY. On est pas riche, on est pauvre comme Job !

JACKLYN. Ne-non ! On est pas... *Fuck,* non ! *Fuck,* non ! Ne-non. Estie de crisse ! Estie d'estie de baptême ! *Rover* ? Où c'est qu'il est *Rover* ? *(Elle regarde autour et voit Mary.)* C'est qui ça ?

HENRY. C'est *Mary* – la blonde à *William*.

JACKLYN. Depuis quand *William* a une blonde ?

HENRY. Depuis que *Mary* a décidé que *William* était son chum.

JACKLYN. Qu'est-ce qu'a' fait là ?

MARY. *He was* me tuwer.

Jacklyn. Pardon ?

Mary. *He was* me tuwer.

Jacklyn. 'Scuse ?

Mary. *He was* me tuwer.

Jacklyn. Juste une autre fois.

Mary enlève le fusil de sa bouche.

Mary. Je vas me tuer, crisse !

Jacklyn. Ah, O.K. ! Ben, envoye, qu'est-ce que t'attends ?

Mary. Au revoir, monde cruel !

Elle remet le fusil dans sa bouche. William entre à la course.

William. Eille, salut !

Mary. *Willyum* ! (*Elle enlève le fusil de sa bouche.*) *William* ! T'étais où ?

William, *à Henry*. Je pensais à ce que tu m'avais dit – que j'étais rien qu'un *loser*, pis qu'y fallait que j'arrête de regarder la télé, pis d'envier les grosses vedettes. Ça fait que je me suis dit qu'y fallait que j'arrête de regarder la télé.

Henry. Pas facile, han ?

William. Mets-en. Je freakais. Pis là, tout à coup, tout est devenu tellement... *weird* là. Tsé ce que je veux dire ?

JACKLYN. Ah, oui ! Mets-en !

WILLIAM. C'était comme une illumination ! Une expérience mystique ! Vous allez pas me croire, là… Pis je sais que ça va avoir l'air fou ce que je vas vous raconter, mais…

HENRY. Envoye, accouche !

WILLIAM. Je viens de rencontrer… Dieu !

MARY. Wow !

JACKLYN. Mais c'est extraordinairement fantastique et formidable ça ! Bravo *William* !

HENRY. T'es sûr que c'était Dieu ?

WILLIAM. *You bet* ! Y m'a même dit c'est quoi le secret de la Caramilk.

HENRY. Quand y trempent le caramel dans le chocolat, y est congelé ?

WILLIAM. Comment tu savais ça ?

HENRY. Eille, ça prend pas un génie. As-tu d'autres preuves ?

WILLIAM, *à Henry.* Y a dit que c'est toi qui a cassé le vase à maman.

JACKLYN, *à Henry.* C'est toi qui a cassé mon vase ?

HENRY. *So what* ?

WILLIAM. Y a jusse Dieu qui pourrait savoir ça.

JACKLYN. C'est toi ?

HENRY. T'étais là quand je l'ai fait. Ça se peut que t'aies refoulé ce souvenir là, pis que ce soit ton subconscient qui ait... Qu'est-ce que je dis là ? T'as pas de subconscient ! T'as pas de deuxième niveau !

JACKLYN, *à Henry.* Tu mérites une bonne tape aux fesses !

MARY, *à William.* De quoi y avait l'air, Dieu ?

WILLIAM. Comme le père Noël.

MARY. Mon Dieu !

HENRY. Comme le père Noël ?

WILLIAM. Y avait peur que je le reconnaisse pas.

JACKLYN. C'est pas fou !

WILLIAM. Eille, pis en plusse, j'ai une grande nouvelle à vous annoncer !

JACKLYN. Quoi, quoi, quoi ?

MARY. Oui, *William* ! Je veux être ton épouse !

WILLIAM. Je me lance dans la course pour la présidence des États-Unis !

MARY. Tu veux pas me marier pis me faire des enfants ?

WILLIAM. Je peux pas me marier avec toi *Mary*. Je suis juste un *loser*.

MARY. Mais moi, je t'aime comme que t'es, *William*.

WILLIAM. Pas tu-suite, *Mary*. Je suis juste un *loser*. Y faut que je devienne quelqu'un avant.

JACKLYN. Bravo, *William*! Comme je suis fière de toi! Je déborde de fierté!

WILLIAM. Je vous invite tous à assister à une conférence de presse qui aura lieu demain pour annoncer ma candidature pour le poste de Prrrrrrésident des États-Unis!

HENRY. Ah *fuck*! T'es pas sérieux?

WILLIAM. Quoi? Qu'est-ce qu'y a, *Henry*?

HENRY. Tabarnac! Tu peux pas devenir président! T'es un imbécile! Tu connais rien à la politique! Tu connais rien à l'économie. C'est pas compliqué, crisse – tu connais rien!

WILLIAM. C'est peut-être vrai ce que tu dis. Je suis le premier à l'avouer. Mais j'ai un rêve! J'ai une vision! Et je suis convaincu que je suis! L'homme qu'il faut pour guider! L'Amérique vers la terre! Promise!

JACKLYN. Mon Dieu, mais c'est impressionnant de t'entendre parler comme ça!

HENRY. Crisse! C'est complètement ridicule!

WILLIAM. *Henry*… Y a rien que tu puisses dire pour me dissuader du projet dans lequel je m'engage!

Mary. Han ? Depuis quand tu parles avec des grands mots, toé ?

William. Depuis que Dieu est en moi.

Jacklyn. C'est pas compliqué – tu me touches au plus profond de mon âme !

William. C'est sûr que je vais avoir besoin de votre aide. Je peux pas faire ça tu-seul.

Mary. Moi, je ferais n'importe quoi pour toi, *William* !

Jacklyn. Moi pis *Rover,* on est là pour toi ! Han *Rover* ? Tu vas aider *William* à devenir président des États-Unis, han ? Ouiiii…. Ouuuiiiii !

Mary. Ah ! C'est tellement excitant !

William. Et toi, *Henry* ? Est-ce que je peux compter sur toi ?

Henry. Où c'est que tu vas trouver l'argent pour financer ta campagne ? Y as-tu pensé à ça ? Ça prend de l'argent pour financer ça, une campagne. Beaucoup d'argent. Des millions, même ! Pis c't'argent, là, tu l'as pas pis tu l'auras jamais ! Tu comprends-tu, là ?

William. Est-ce que tu vas m'aider, *Henry* ?

Henry. Non.

Mary. Pourquoi pas ?

HENRY. Parce que ça me tente pas de m'embarquer dans votre folie. Vous rendez-vous compte que ç'a aucun bon sens ? C'est une perte de temps monumentale, estie ! Vous rendez-vous compte qu'y a aucune chance de gagner ? Qu'y vont penser que vous êtes une *gang* de fous ? Qu'y vont rire de vos yeules ?

WILLIAM. C'est pas toi qui disais qu'y fallait que je fasse quekchose au lieu de rester assis sur mon cul à rien faire sauf attendre un miracle ?

HENRY. Oui mais…

WILLIAM. C'est ce que je fais. Pas vrai ?

HENRY. Ouin. C'est ça. Va faire un fou de toi.

WILLIAM. Tu m'aideras pas ?

Un temps.

HENRY. Non.

JACKLYN. Ben *too bad* pour toi, maudit pisse-vinaigre !

HENRY. Eille, *William* !

WILLIAM. T'as pas besoin de le dire. Je le sais que tu me souhaites bonne chance.

HENRY. Non. Peux-tu me rendre un petit service ?

WILLIAM. N'importe quoi.

HENRY. Mentionne pas que t'as un frère.

Un temps.

WILLIAM, *extrêmement blessé.* Okidou.

MARY. Oui ! Allons-y ! Nous autres, on a du travail à faire !

JACKLYN. Mesdames, Messieurs... Je vous présente le président des États-Unis... *William...*

JERRY. Ipsh-sem-se-vies.

JACKLYN. *William... (Un temps. Elle regarde Jerry.) Prozac* !

Ils sortent en chantant « Hail to the Chief ! »

Noir.

SCÈNE 14

Pause publicitaire

RAINBOW PAINTS

Une femme. Le monde est grand et il est toujours à refaire. Nous le savons ici à *Rainbow Paints*. C'est pourquoi nous vous offrons toutes les couleurs de l'arc-en-ciel pour refaire votre monde... et rappelez-vous que toutes ces couleurs vous sont offertes avec notre nouveau *No-Stain Fade-Resistant Colour-Guard Easy-Wipe* 3000. *Rainbow Paints*... *(On voit une foule de gens avec de larges sourires, habillés en peintre avec des rouleaux de peinture à la main.)* « Quand votre toile de fond – c'est le monde. »

Noir.

SCÈNE 15

Dans les coulisses. Mary et Jacklyn rassurent William, qui s'apprête à embarquer sur scène.

JACKLYN. Laisse-moi te regarder une seconde. *(Elle ajuste sa cravate.)* T'es beau comme un cœur.

WILLIAM. Est-ce qu'y a ben du monde ?

Mary regarde de l'autre côté du rideau.

MARY. Euh… Oui. *Full* de monde.

WILLIAM. *Alright*.

JACKLYN. O.K. T'es prêt ?

WILLIAM. Oui.

JACKLYN. O.K. Pis oublie pas – a'-ti-cule !

WILLIAM. Oui, oui.

JACKLYN. O.K. *Go get 'em, tiger* !

WILLIAM. Rrrrrr…

MARY. Bonne chance, mon grand. Va leur montrer ce que t'es capable de faire.

Elle l'embrasse.

JACKLYN. Fais-nous pas honte !

William s'approche du micro. Il n'y a qu'un journaliste dans la salle. C'est Jack Perry.

WILLIAM, *vers la coulisse.* Y sont où tout le monde ? Y sont où les journalistes ?

JACK PERRY. Y couvrent la campagne du président. *(William est gêné.)* Envoye mon gars ! On est pas beaucoup, mais on t'écoute.

WILLIAM. Euh… Merci. Bonjour. Mon nom. C'est *William Prozac* ! Je suis ici pour annoncer. Ma candidature pour la présidence. Des États-Unis, mes chers concitoyens… J'ai un rêve, un grand grand rêve, je rêve ! D'un pays où chacun de nous sera enfin. Responsable du fonctionnement, des décisions et de la direction de son gouvernement, j'aimerais mettre. Fin à l'apathie qui est selon moi, le véritable. Cancer de notre, système politique de notre, gouvernement de notre, pays j'aimerais mettre ! Fin à l'irresponsabilité fiscale de notre gouvernement et redistribuer équitablement les richesses de notre pays pour assurer que chacun et chacune ait une chance de réaliser ! Le grand rêve américain, c'est-à-dire, celui de faire son million, je disais. Tantôt je croyais que notre système politique ne reflétait pas les défis qui se posent au début du nouveau millénaire, si je suis élu. Je promets d'abolir le Congrès et le Sénat et qu'on. Le remplace par un système où chacun de nous pourrait voter sur les questions brûlantes. De l'heure par le moyen de l'Internet et/ou. Avec l'aide d'un téléphone numérique de cette façon. Nous éliminerons ! Les intermédiaires qui alourdissent inutilement le processus démocratique.

De plus, avec l'abolition du Congrès et du Sénat, nous pourrons faire ! Une économie d'au ! Delà de 750 milliards de dollars, une partie. Cette somme serait redistribuée équitablement à chaque homme. Femme et enfant aux États-Unis, d'ailleurs. Toutes les taxes en Amérique seront éliminées, sauf. Une, une nouvelle taxe – la taxe. Sur l'héritage, dans la Déclaration d'Indépendance, il est écrit que nous naissons. Tous égaux, en principe, cela est vrai mais en pratique, certains citoyens sont nés. Dans des familles privilégiées qui ont des revenus nettement plus. Élevés, souvent, ces revenus sont attribuables. À des placements ou à des investissements qui datent de plusieurs générations, certains de nous naissons. Riches, donc, nous ne naissons pas. Égaux, je propose donc de mettre fin à cette inégalité en imposant une taxe. De 95 % sur l'héritage. Tout l'argent généré par cette nouvelle taxe sur l'héritage serait redistribué à tous les citoyens dans ce même courant. De pensée, je propose donc d'effacer toutes les dettes. En Amérique, je propose qu'on élimine. Les hypothèques, les prêts, d'étudiants les prêts, personnels les prêts, pour les petites et moyennes. Entreprises toutes les dettes le gouvernement américain. Lui-même, ne s'attendra pas. À être remboursé pour l'argent qu'on lui doit quant à sa propre. Dette, elle ne sera pas remboursée non plus ceux qui ne seront pas contents. Et qui voudront se faire rembourser, n'auront qu'à parler! Avec le Pentagone oui, toutes les dettes. Seront effacées voulez-vous recommencer à nouveau, non? On ne recommencera plus. Jamais! À prêter de l'argent avec de l'intérêt, ne répétons plus! Cette erreur, je propose! Le contraire, je propose! Que tous les prêts avec taux d'intérêts soient! Dorénavant, illégaux, enfin, la dernière. Mesure fiscale que je propose pour atteindre l'équilibre budgétaire c'est de vendre. Les droits exclusifs. De l'année à une grande corporation. Comme *McDonald's*, nous pourrons donc avoir. L'Année du *Big-Mac*! Merci.

Un temps. Jack Perry est étonné. Il ne sait pas s'il devrait rire ou applaudir, alors il fait les deux.

JACK PERRY. Bravo! Bravo! Bravo!

WILLIAM. Est-ce qu'y a des questions?

JACK PERRY. Oui. Y sont où les caméras?

WILLIAM. Je me demandais la même chose.

JACK PERRY. Non, O.K. Tu peux arrêter maintenant. C'est correct. Merci. T'étais excellent. Vraiment. *(Fort.)* Votre *gag* était excellent! Bravo! Vous m'avez eu! Vous pouvez sortir de vos cachettes maintenant!

Jacklyn entre en scène.

JACKLYN. Viens, *Rover*. Viens! C'est ça. Beau chien. Beau, beau, chien, chien, oui, oui!

Jack Perry. Non mais… Arrêtez, là… C'est quoi la *joke*?

William. Y en a pas de *joke*, Madame.

Jack Perry. Non… C'est p'us drôle, là. Y sont où les autres?

Mary. Y en a pas d'autres. C'est juste nous autres.

Jack Perry. Ben non… Ha! Ça se peut pas. Vous êtes pas sérieux?

William. Oui.

Jack Perry. Sérieux?

William. Oui.

Jack Perry. Tu te présentes vraiment au poste de président?

William. Oui. Y me semblait que c'était clair dans mon discours.

Jack Perry. T'es pas un humoriste?

William. Non. Pas du tout.

Jacklyn. C'est quoi le problème, là?

Jack Perry. Vous me niaisez pas, là?

William. Non, on vous niaise pas!

Jack Perry. Ah ben! Ah ben… Ah ben…

William. C'est quoi le problème?

Jack Perry. J'en reviens pas. J'en reviens juste pas. Ha!

JACKLYN. Là, monsieur, vous allez arrêter de rire! *(Jack Perry rit.)* Ah ben là, ça va faire! *Rover*? Attaque! ATTAQUE! Mors-le!

Jack Perry rit de plus belle.

JACK PERRY. Non mais c'est extraordinaire! Mon Dieu! J'en reviens pas! Bravo! Bravo! Ah, c'est extraordinaire. *Wow*!

WILLIAM. *Henry* avait raison. Y ont rit. Tout le monde a rit de ma yeule!

MARY. Y ont peut-être tous ri, mais c'est parce qu'y en avait juste un, mon amour.

WILLIAM. Eille, on s'en va.

JACK PERRY. Mais non! Partez pas tu-suite! Y faut que je vous pose des questions. Vous êtes… Les mots me manquent. Je suis chaviré. Je sais même pas quoi penser. Restez. Je veux vous parler. S'il-vous-plaît. Restez. J'étais sûr que c'était une farce. Je pensais pas que vous étiez… T'es sincère, pour vrai? C'est pas une farce?

WILLIAM. Ben non, c't'affaire!

JACK PERRY. Mon Dieu! T'es la vraie affaire! T'es sérieux quand tu proposes que l'année soit commanditée?

WILLIAM. Oui. Je suis sûr qu'on pourrait vendre les droits exclusifs de l'année. Coudonc, si on peut vendre les droits pour le nom d'un building, pourquoi on pourrait pas vendre les droits de l'année?

JACK PERRY. Et vous proposez de vendre les droits à *McDonald's* ?

WILLIAM. C'est juste un exemple.

JACK PERRY. Mais c'est génial !

WILLIAM. On pourrait la nommer : « L'Année du *Big-Mac* ! »

JACK PERRY. Mais oui ! Tout à fait ! O.K. Je veux prendre toute ça en note. Tu veux abolir le Congrès et le Sénat, c'est ça ?

WILLIAM. Pis le poste de vice-président.

JACK PERRY. Oui, oui. Pis tu veux le remplacer par un système de démocratie directe, c'est ça ?

WILLIAM. Oui. On voterait en utilisant l'Internet ou un téléphone numérique.

JACK PERRY. Et vous voulez éliminer toutes les dettes en Amérique ?

WILLIAM. Oui. Tout le monde doit de l'argent à quelqu'un. On avance pas. On tourne en rond ! Moi, je dis qu'on efface toutes les dettes, pis on recommence.

JACK PERRY. Mais c'est incroyable ! Ça serait peut-être la catastrophe. Je sais pas. Je suis pas un économiste, moi. Mais où c'est que t'es allé chercher ça ?

WILLIAM. C'est Dieu qui me l'a dit.

JACK PERRY. Dieu ?

WILLIAM. Oui, Di-yeu.

JACK PERRY. Créateur du Ciel et de la Terre et tout le tralala ?

WILLIAM. Le même.

MARY. Il a eu une illumination.

JACK PERRY. Mais c'est… C'est…

WILLIAM. Je le savais. Vous me croyez pas.

JACK PERRY. Oui, oui ! C'est sûr que je vous crois.

WILLIAM. Pour vrai ?

JACK PERRY. Ben, oui. Pourquoi pas ?

WILLIAM. Au moins, j'aurai convaincu une personne.

MARY. Eille ! On te croit nous autres aussi, au cas où tu l'aurais oublié !

WILLIAM. 'Scuse.

JACK PERRY. Comprends-moi bien, là – c'est complètement sauté ce que tu racontes. C'est pas à tous les jours qu'on rencontre quelqu'un qui a rencontré Dieu.

WILLIAM. Moi, je pensais pas que j'étais assez digne.

JACK PERRY. J'ai passé toute ma carrière de journaliste à écrire à propos de la politique –

croyez-moi, j'en ai vu d'autres – mais j'ai jamais rencontré quelqu'un comme toi. Tu es… comment dire ? T'es… rafraîchissant. C'est ça. Rafraîchissant.

WILLIAM. Merci, Monsieur.

JACK PERRY. *Jack Perry.* Je travaille pour le *Daily News*.

WILLIAM. Plaisir.

JACK PERRY. Écoute, je suis impressionné. T'as vraiment quekchose de… particulier. Eille ! Ça te tente-tu de venir rencontrer une couple de mes collègues au journal ? Je pense qu'ils aimeraient ben ça t'entendre parler.

WILLIAM. Okidou.

JACK PERRY. Viens-t'en. J'ai hâte de voir leurs réactions.

WILLIAM. Moi itou.

JACK PERRY. Viens-t'en !

Jack Perry et William sortent.

MARY, *en sautillant.* C'est tellement excitant !

JACKLYN, *en sautillant elle aussi.* C'est excitant, han *Rover* ? Oui, han ? C'est ça ? Oui, saute ! Saute ! Saute !

Noir.

SCÈNE 16

Pause publicitaire

« THE CLAPPER ! »

Un homme et une femme se donnent des coups de poing. La femme donne un coup de poing à son mari. Les lumières s'éteignent. Noir. L'homme donne deux coups de poing à sa femme. Quand les lumières se rallument, la femme a une main sur sa joue. Elle a l'air en beau calvaire, puis elle sourit et donne un coup de poing au visage de son mari. Les lumières s'éteignent. Elle rit. Noir. L'homme donne deux coups de poing à sa femme. Quand les lumières se rallument, la femme a une main sur sa joue. Mais cette fois, elle rit. Les deux regardent en l'air, en riant. L'homme tend sa joue. Elle lui donne un coup de poing. Répétez au besoin et faites cuire au four à 450º C pour une minute.

Voix de l'annonceur. *Clap on, clap off, clap on and clap off « The Clapper ! »*

Noir.

SCÈNE 17

Dans le studio de télévision.

LILIANNE PAUL. Nous sommes de retour à cette émission spéciale de « Les *Stars* du *Stars & Stripes* » avec notre invité, *Henry Prozac*. *Henry*, c'est effectivement cette première rencontre avec le journaliste *Jack Perry* qui a permis à *William* de se faire connaître de l'électorat.

HENRY. Oui. Je sais bien qu'à partir de ce moment-ci, vous connaissez bien l'histoire. *William* est allé rencontrer les journalistes du *Daily News* et ils ont publié une série d'articles sur lui. Après les articles dans le journal, on l'a invité ici à votre émission de télévision. Il faut dire qu'à cette époque, vous n'étiez pas très bien connue.

LILIANNE PAUL. En effet, nous étions à nos tout débuts. Nos cotes d'écoute n'étaient pas très bonnes. *Jack* m'a appelée et m'a demandé si je voulais recevoir *William* à mon émission. Ah ! Je m'en souviens ! J'étais tellement nerveuse ! Je savais pas à quoi m'attendre. Mais, comme vous le savez, ça s'est très bien passé. Et après l'émission, la station a reçu des centaines d'appels. Et des milliers de dollars en dons pour la campagne à *William*. Nous étions très chanceux d'avoir été associés à sa campagne.

HENRY. Oui, c'est sûr que vous y étiez sûrement pour quelque chose.

LILIANNE PAUL. Oui. J'aime penser que c'est grâce à nous que *William* s'est fait connaître auprès de l'électorat. À peine deux semaines plus tard, tout le monde parlait de *William.* Vous deviez être surpris de voir à quel point votre frère était devenu populaire.

HENRY. Au début, je suivais pas sa campagne. Je suis resté à la maison pour prendre soin de mon père. Pis de toute façon, les campagnes électorales, ça me laisse un peu indifférent.

LILIANNE PAUL. Oui, comme beaucoup trop de gens en Amérique. De façon générale, on s'intéresse pas beaucoup à la politique. Et voilà peut-être la plus grande qualité de *William* – il nous laissait jamais indifférents. On s'intéressait à lui et, par extension, on s'intéressait à la politique.

HENRY. Ah, pour ça, oui…

LILIANNE PAUL. Pour la première fois que je me souvienne, je voulais suivre la campagne et ça, c'est grâce à *William*. Et, j'étais pas la seule. On avait tous hâte de voir les sondages. C'était excitant. Tu te rends compte ? Pour une fois, on avait droit à une élection excitante !

HENRY. Oui, c'est rare.

LILIANNE PAUL. C'était du jamais vu. Et ça, c'était grâce à *William*. Par sa nature même, il réussissait à rejoindre les gens qui se sentaient aliénés par la politique. C'était peut-être sa plus grande contribution – son héritage, en quelque sorte – intéresser les gens à la politique.

HENRY. Oui, j'imagine.

LILIANNE PAUL. Après la pause, on va voir la réaction de *Henry* lorsqu'il a vu son frère *William* à la télé pour la première fois. De retour dans deux petites minutes.

Noir.

SCÈNE 18

PAUSE PUBLICITAIRE

« *LE SAOÛLON* »

L'ANNONCEUR, *lent et sans conviction.* On pourrait essayer de vous vendre notre nouvelle bière en vous montrant des images *high-tech* conçues à l'aide d'ordinateurs. On pourrait avoir une trame sonore du tonnerre. On pourrait avoir des pétards qui font la fête sur les rives du Rio Grande.

Nous, on est pas comme ça. On est simple.

Nous savons qui boit de la bière. C'est des gens ben ordinaires ; comme vous. Notre nouvelle bière est pas *fancy*. C'est pas une bière importée. C'est pas de la *light*, de la *draft* ou de la *ice*. Nous savons ce que vous voulez d'une bonne bière. « La nouvelle bière – le Saoûlon. Une bière qui saoûle. »

Noir.

SCÈNE 19

Jerry est assis dans son fauteuil. Il porte des lunettes fumées. Henry est assis dans un fauteuil en face de Jerry.

HENRY. Enfin, la paix! Ah! La sérénité! Le silence! L'oisiveté! Estie qu'on est ben, han, pa?

JERRY, *très émotif.* Ogo-gah-gu-guuuu-bo-di-du-du. Ga-tu-tu-faaaaa-ro-lo-ti-ta. I-go-fu-gu-ra-ra. Ra… Ke-ke-queue! Du-du-du. La-dou-fus-ja-ja-gi-tu-pi-tu-ha! Agu-aju-afu-fu. Bu-ha-gu-ha-go-gak-ha-fik-tu-ha-fu-ha-du-dou-ha-haaaaa-lu-fi-haaaa-tuk-ama-haaaa-me-mi-mi-me-mi-mi-haaaas-mi. Du-du-do-do. I-go-fu. I-go-gu-fu. Han-mi-tu-mi-ah-ju-gu-pi-to-pi-ti-go-ju-ma-ta-wa-mi-to-so-ma. Maaaah! Ju-ku-ka-fiiiiisssss. Poc! Poc-poc-poc! Saaaaa… Pa-pa-tou-tou. Saaaa… Ogo-go-hut-hhhuu-uuu… Fa-ma. Fa-ma. Aaaaaah…

HENRY. Mets-en. La grosse vie sale! En veux-tu un autre?

JERRY. Gaaaaak!

Henry lance une gâterie pour chien. Jerry l'attrape.

JERRY. Wouf. Wouf.

HENRY. Du vrai *bonding* entre père et fils!

Jacklyn entre. Henry lance un autre biscuit. Jerry l'attrape.

Jerry. Wouf. Wouf.

Jacklyn. Qu'est-ce que vous faites ? Je vous ai dit que les gâteries, c'était pour *Rover*. *(Elle lui arrache le sac.)* Viens *Rover*. Viens. C'est ça ! Beau chien. Saute ! Saute ! C'est ça. Bravooooooo ! Tiens. Une gâterie pour mon beau chien chien parfait. Ouiii…

Elle donne une gâterie à Rover.

Jerry, *ouvrant la bouche grande*. Iphis-maboudi-gaaaack…

Jacklyn. Non, pas pour toi, *Jerry*. Les gâteries sont pour *Rover*.

Mary entre avec son fusil.

Mary. Ça fait deux semaines de tic-tic-tic que j'endure ! Tic-tic-tic dans' tête ! Tic-tic-tic dans le ventre ! Tic-tic-tic ! Tic-tic-tic ! TIC-TIC-TIC !

Jerry. Fe-me-mi-mu-fu-fu !

Mary. TIC-TIC-TIC, CÂLICE ! TIC-TIC-TIC ! TIC-TIC-TIC !

Henry. Y te mariera jamais, parce qu'y gagnera pas. Y peut pas gagner. Tu vas voir.

Mary. C'est pas vrai. Y peut pas perdre, ça serait trop poche, ça. Y faut qu'y gagne. Y va gagner.

Henry. Ben non, voyons donc. Y gagnera jamais.

Jerry. Fa-ma-fa-ma-ma-fu-fi-fu-fu !

Henry. Regarde. Même lui y est d'accord.

JERRY. Fa-ma-fi-tu-bu-noc!

MARY. Y est où *William*? Y faut que je lui parle de mon tic-tic-tic! TIC-TIC-TIC, TABARNAC! Y est où, *William*? Y faut que je le vois! Y est où? Y EST OÙ?

JACKLYN. Si tu veux le voir, t'as rien qu'à allumer la télé, maudite fatigante!

MARY & HENRY. Y est à la télé?

JERRY. Tic-ta-tic-ta-tic-ta-ta-té-lé?

JACKLYN. Ben oui, c't'affaire!

Jacklyn allume la télé. En avant-scène, on voit William et Lilianne dans le studio.

LILIANNE PAUL. Bonsoir à vous, internautes et téléspectateurs et bienvenue à « Les *Stars* du *Stars & Stripes* ». Ce soir, j'ai le plaisir de m'entretenir avec un homme très particulier... Il a captivé l'imagination de l'Amérique toute entière. Je suis fière d'accueillir Monsieur *William Prozac*.

WILLIAM. Bonjour.

LILIANNE PAUL. Monsieur *Prozac*... Est-ce qu'on doit vous prendre au sérieux?

WILLIAM. Mais oui. Absolument. J'espère qu'on me prend au sérieux. On est à deux semaines de l'élection, pis j'ai 28 % des intentions de votes.

MARY. C'est vrai?

Henry. C'est pas vrai ! Ça se peut pas !

Lilianne Paul. Mais vous vous rendez compte que les gens peuvent pas s'empêcher de rire lorsqu'ils vous entendent parler ?

William. Oui, je sais.

Lilianne Paul. Et ça ne vous dérange pas, ça ?

William. Pas du tout. Vous savez, *Lilianne*, ça me dérange pas qu'ils risent – en autant qu'ils votent pour moi le trois.

Lilianne Paul. Plusieurs commentateurs croient que lorsqu'on vote POUR *William Prozac*, en réalité, on vote CONTRE les deux autres candidats. Qu'est-ce que vous en pensez ?

William. Pourquoi un vote pour moi serait nécessairement un votre contre quelqu'un d'autre ? Un vote, c'est un vote.

Lilianne Paul. Que pensez-vous des gens qui disent que voter pour vous, c'est simplement une façon d'annuler son vote ?

William. Je comprends pas pourquoi vous questionnez la sincérité des gens qui veulent voter pour moi. S'ils veulent voter pour moi, c'est pas parce qu'ils veulent que je gagne ?

Lilianne Paul. Euh, en effet. Bon, maintenant, parlons un peu de Dieu. C'est vrai qu'Il vient vous conseiller pendant la nuit ?

William. Oui, c'est vrai. Il vient me visiter de temps en temps pis des fois, Il me donne des conseils, des suggestions. On parle de toutes sortes d'affaires, vous savez.

LILIANNE PAUL. Comme quoi ?

WILLIAM. Oh ! On parle de sports – du temps qu'il fait dehors – n'importe quoi. On s'arrange bien ensemble, nous deux. Moi pis Dieu, on est comme ça.

William se croise l'index et le majeur.

LILIANNE PAUL. Et est-ce que Dieu vous a donné des nouvelles idées dernièrement ?

WILLIAM. Oui ! Ça, c'est nouveau. Il me l'a dit hier soir. Je l'ai écrit ici. O.K. *(Il lit.)* Idée. Pour mettre. Fin aux sentiments nationaux, au zèle des fondamentalistes et fin à la discorde qu'engendre. La division raciale, aux États-Unis, je propose qu'on. Exige de la population entière de se marier et de faire des enfants. Avec des gens qui ne sont pas de leur propre ethnie et/ou. Groupe culturel et/ou. Religion et/ou. Nationalité de cette façon, dans deux générations, il n'existera plus. D'ethnies distinctes, aux États-Unis. Mettons ! Fin à l'ethnocentrisme et vive ! Le *melting pot*, merci.

LILIANNE PAUL. Euh… Alors, vous voulez imposer des mariages mixtes pour éliminer les luttes raciales. C'est une proposition audacieuse.

WILLIAM. Pas de demi-mesures !

Lilianne Paul. Je ne sais pas quoi dire. On va prendre une petite pause et on vous revient avec le candidat présidentiel, *William Prozac*.

Henry se lève et éteint la télévision.

Jacklyn. C'est le *fun*, han ? Han *Rover*, c'est le *fun*, han ? Ouuuuiiii.

Henry. Mais voyons donc ! Ça se peut pas. Coudonc ! Tout le monde est viré fou ou quoi ?

Jacklyn. Qu'est-ce qu'y a, *Henry* ?

Henry. Y vont quand même pas l'élire ?

Jacklyn. On le sait pas. Mais ça va être proche, c'est sûr. Han *Rover* ? Ça va être proche, han ? Ouuuuiiii.

Mary. Ça va être proche ? Ça veut dire qu'y va peut-être me marier ! TIC-TAC-TOE !

Henry. Ben non ! *William* te mariera pas même si y devient président. Qu'est-cé que je dis là ? *William* deviendra pas président, un point, c'est tout ! Y peut pas devenir président. Ç'a pas de bon sens, câlice ! Pas *William* !

Mary. Pourquoi tu penses qu'y va pas me marier même si y gagne ?

Henry. Inquiète-toi pas, y va pas gagner ! La *joke* est allée trop loin ! Tabarnac ! Le monde, y se rendent pas compte que c'est lui qui va avoir le doigt su' le piton, câlice ? Le gars avec le doigt su' le piton, ça va être un estie de fou attaché ! Un malade mental, estie ! *Fuck* ! Y faut que je fasse quekchose… Y faut que je l'arrête, sinon ça va être la catastrophe !

JACKLYN. Est-ce que je sens un peu de jalousie, par hasard ?

HENRY. Je suis pas jaloux ! Y faut l'arrêter. Y faut l'arrêter au plus sacrant !

Henry sort.

JACKLYN, *à Rover.* Je pense qu'y est jaloux. Mais toi, t'es pas jaloux, han *Rover* ? Nnnooonnn. Nous autres, on est pas jaloux de personne parce qu'on est une race supérieure, pas vrai, *Rover* ? Ouuuiii. Viens, *Rover,* mon chien-chien race pure parfait, parfait.

Jacklyn sort.

MARY. Comment ça, y va pas me marier même si y gagne ? Tic. Pourquoi ? Tic-tic. Pis peut-être qu'y gagnera pas. Ouin. J'avais pas pensé à ça. Tic-tic-tic. Tic-tic-tic. Qu'est-cé que je vas faire pour qu'y me marisse, crisse ?

JERRY. Gu-gu-fu-fe-ga-ci-ga-gasss-ci-ci-du-du-fan-ven-gu-gak-haaaaa !

MARY. Ça va prendre un miracle, je cré ben.

Gros effets de son, d'éclairage et de boucane. Dieu apparaît. Il descend du Ciel et se place au-dessus de Jerry. Il est déguisé en extra-terrestre.

DIEU. Ma-wa-ma-wa-ma-wee-wee ! En-ten-fen-fin-so-toi-co-co-heu-pi-re.

MARY. Les extra-terrestres ! Vous êtes enfin venus me chercher !

DIEU. Con-con-i-ma-con-con-te-ter-con-cu-con-fan-fan-en-toi-je. So-go-gi-ci-du-du-go !

MARY. Emportez-moi avec vous !

DIEU. GAK ! A-GA-GAK !

Mary s'agenouille.

JERRY. Guuuuu ! Giiiii-gu-ga ! Fu-du-du-fi ?

MARY. Oui ! Je ferai tout ce que vous me demanderez !

DIEU. GAK-GA-GA-GAK-GAK-GU-GU !

MARY. Vous voulez que je fasse quoi ?

Noir.

SCÈNE 20

PAUSE PUBLICITAIRE

KILLER KONDOMS

En arrière-scène, il y a une femme qui parle avec une policière. Les vêtements de cette femme sont déchiquetés. Elle pleure.

UN POLICIER. Cette femme vient d'être violée et les agresseurs se sont enfuis. Nous allons tout faire pour les retrouver le plus vite possible, puisque les agresseurs ignoraient que cette femme est séropositive. Voilà pourquoi l'Association des policiers vous suggère de toujours utiliser « *Killer Kondoms* extra-sensibles ». Portez *Killer Kondoms* si vous ne voulez pas penser à la mort quand vous faites l'amour.

Noir.

SCÈNE 21

Henry, Mary, Jacklyn et William sont réunis à la maison des Prozac. Ils ont tous une flûte de champagne, sauf Jerry qui est assis dans son fauteuil roulant.

JACKLYN. Ah! Comme je suis heureuse d'avoir toute ma famille ici avec moi!

MARY. C'est une très bonne idée que t'as eue, *Henry*.

HENRY. Ah! Vous savez… Je pensais que ça serait bien qu'on se fasse un petit souper tranquille en famille une couple de jours avant tout le brouhaha de l'élection.

WILLIAM. Moi, je suis tellement excité que je tiens p'us en place. Imagine de quoi je vas avoir l'air dans deux jours.

MARY. En tout cas, la seule chose qu'on puisse dire, c'est que ça va être proche!

JACKLYN. Ça va être proche, mais je suis sûre que *William* va gagner. Han *Rover*? Penses-tu que *William* va gagner? Ouuuuuiiiii! Bon chien. Ouuuuuiiii *[…]*

HENRY. J'aimerais proposer un *toast*!

JACKLYN. *[…]* Ouuuuuuiiiiiiii. Très bon chien. Oui, bon chien à maman *[…]*

HENRY. J'aimerais… *William,* dis-y que je veux faire un toast.

JACKLYN. *[…]* Beau chien parfait parfait à maman, oui, oui, oui, beau chien parfait *[…]*

WILLIAM. Maman ! *Henry* veut faire un *toast.*

JACKLYN. *[…] Rover* c'est le beau beau chien chien parfait parfait à maman, oui, oui *[…]*

MARY. Madame ! Chut ! *Henry* veut faire un *toast.*

JACKLYN. *[…] Rover Rover* beau chien parfait beau chien parfait à maman, oui ! À maman, oui !

HENRY. *Rover,* dis-y donc que je veux faire un *toast.*

Un temps.

JACKLYN. Ah ! *Henry* veut faire un *toast* ? Ben vas-y, qu'est-cé que t'attends ?

HENRY. Oui, bon. *William*… Je sais que je ne t'ai pas encouragé dans la réalisation de ton rêve de devenir président des État-Unis. Nous sommes maintenant deux jours avant l'élection et te voilà dans une lutte tellement serrée que personne est en mesure de prédire le gagnant. *William,* j'aimerais m'excuser pour t'avoir ridiculisé et ne pas avoir offert mon aide pendant ta campagne. Je veux que tu saches que je suis très fier de toi et que je te souhaite bonne chance.

Tous. Bonne chance!

William. Merci, *Henry*. Merci.

Mary. Euh, moi aussi, j'aimerais annoncer quekchose.

William. Non, *Mary*, je peux pas te marier tu-suite...

Elle dévoile une énorme bedaine.

Mary. Je suis enceinte.

William. D'un enfant, tu veux dire?

Mary, *flattant sa bedaine.* Je le sais pas encore.

William. Mais ça se peut pas. T'es vierge.

Mary. J'ai eu une visite mystérieuse hier soir.

William. Comme?

Mary. Oui. Exactement comme.

William. C'est incroyable!

Mary. Cette... affaire dans mon ventre aura besoin d'un père, *William*.

William. Qui, moi?

Mary. Qui d'autre?

Un temps.

William. Okidou! Je vas te marier, d'abord!

Ils s'embrassent.

Henry. Plus ridicule que ça, tu meures.

JACKLYN, *à Rover.* Je l'ai toujours dit : « Chaque guenille trouve son torchon. »

WILLIAM. Merci, maman. Eille, je suis tellement content ! J'ai tellement hâte d'annoncer ça au peuple américain !

MARY. Ah ! Je suis tellement soulagée. J'aurai même p'us besoin de te menacer avec ça.

Elle donne le fusil à Jacklyn et embrasse William.

JACKLYN. *Rover* veut faire un toast ! À *Mary* et *William* !

Ils trinquent. Soudain, Jerry se réveille.

JERRY. Fais attention *William* ! Baisse ta tête ! *(Il se cache la tête. Un temps.)* Qu'est-cé… Où c'est que je suis moi, là ? Qu'est-cé… *(Il voit Jacklyn.)* *Jacklyn* ?

Elle voit qu'il est réveillé.

JACKLYN. *Jerry* ?

JERRY. *Jacklyn* ?

JACKLYN. *Jerry* ?

JERRY. *Jacklyn* ?

JACKLYN. *Jerry* ?

JERRY. *Jacklyn* ?

JACKLYN. *Jerry* ?

JERRY. *Jacklyn* ?

JACKLYN. *Jerry?*

JERRY. *Jacklyn?*

JACKLYN. *Jerry?*

JERRY. *Jacklyn?*

JACKLYN. *Jerry?*

JERRY. *Jacklyn?*

JACKLYN. *Jerry?*

JERRY. *Jacklyn?*

JACKLYN. *Jerry?*

JERRY. *Jacklyn?*

JACKLYN. *Jerry?*

JERRY. *Jacklyn?*

JACKLYN. *Jerry?*

JERRY. *Jacklyn?*

JACKLYN. *Jerry?*

JERRY. *Jacklyn?*

JACKLYN. *Jerry?*

JERRY. *Jacklyn?*

JACKLYN. *Jerry?*

JERRY. *Jacklyn?*

JACKLYN. *Jerry?*

JERRY. *Jacklyn?*

JACKLYN. *Jerry?*

JERRY. *Jacklyn?*

JACKLYN. *Jerry?*

JERRY. *Jacklyn?*

JACKLYN. *Jerry?*

JERRY. *Jacklyn?*

JACKLYN. *Jerry?*

JERRY. *Jacklyn?*

JACKLYN. *Jerry?*

JERRY. *Jacklyn?*

JACKLYN. *Jerry?*

JERRY. *Jacklyn?*

JACKLYN. *Jerry?*

JERRY. *Jacklyn?*

JACKLYN. *Jerry?*

JERRY. *Jacklyn?*

JACKLYN. *Jerry?*

JERRY. *Jacklyn?*

JACKLYN. *Jerry?*

JERRY. *Jacklyn?*

JACKLYN. *Jerry?*

JERRY. *Jacklyn?*

JACKLYN. *Jerry?*

JERRY. *Jacklyn?*

JACKLYN. *Jerry?*

JERRY. *Jacklyn?*

JACKLYN. *Jerry?*

JERRY. *Jacklyn?*

JACKLYN. *Jerry?*

JERRY. *Jacklyn?*

JACKLYN. *Jerry?*

JERRY. *Jacklyn?*

JACKLYN. *Jerry?*

JERRY. *Jacklyn?*

JACKLYN. *Jerry?*

JERRY. *Jacklyn?*

JACKLYN. *Jerry?*

JERRY. *Jacklyn?*

JACKLYN. *Jerry?*

JERRY. *Jacklyn?*

JACKLYN. *Jerry?*

JERRY. *Jacklyn?*

JACKLYN. *Jerry?*

JERRY. *Jacklyn?*

JACKLYN. *Jerry?*

JERRY. *Jacklyn?*

JACKLYN. *Jerry?*

JERRY. *Jacklyn?*

JACKLYN. *Jerry?*

JERRY. *Jacklyn?*

JACKLYN. *Jerry?*

JERRY. *Jacklyn?*

JACKLYN. *Jerry?*

JERRY. *Jacklyn?*

JACKLYN. *Jerry?*

JERRY. *Jacklyn?*

JACKLYN. *Jerry?*

JERRY. *Jacklyn?*

JACKLYN. *Jerry?*

JERRY. *Jacklyn?*

JACKLYN. *Jerry?*

JERRY. *Jacklyn?*

JACKLYN. *Jerry?*

JERRY. *Jacklyn?*

JACKLYN. *Jerry?*

JERRY. *Jacklyn?*

JACKLYN. *Jerry?*

JERRY. *Jacklyn?*

JACKLYN. *Jerry?*

JERRY. *Jacklyn?*

JACKLYN. *Jerry?*

JERRY. *Jacklyn?*

JACKLYN. *Jerry?*

JERRY. *Jacklyn?*

JACKLYN. *Jerry?*

JERRY. *Jacklyn?*

JACKLYN. *Jerry?*

JERRY. *Jacklyn?*

JACKLYN. *Jerry?*

JERRY. *Jacklyn?*

JACKLYN. *Jerry?*

JERRY. *Jacklyn?*

JACKLYN. *Jerry?*

JERRY. *Jacklyn?*

JACKLYN. *Jerry?*

JERRY. *Jacklyn?*

JACKLYN. *Jerry?*

JERRY. *Jacklyn?*

JACKLYN. *Jerry* ?

JERRY. *Jacklyn* ?

JACKLYN. *Jerry* ?

JERRY. *Jacklyn* ?

JACKLYN. *Jerry* ?

JERRY. *Jacklyn* ? C'est toi ?

JACKLYN. *Jerry* ! T'es réveillé !

JERRY. Où c'est que je suis moé, là ? Y sont où les *Bruins* ? Y sont où les *Rangers* ?

WILLIAM. Les *Rangers* jouent contre les *Mighty Ducks*, pis les *Bruins* sont à Phoenix.

JERRY. Les quoi ? *Jacklyn* ? Qu'est-cé qui se passe ? Je suis où, moi, là ? Je comprends p'us rien.

JACKLYN. *Jerry*... Tu t'es fait frapper su' le bord de la tête par une rondelle.

Il vérifie sa tête.

JERRY. Ah, oui ? Où ça ?

JACKLYN. Au *Gardens* de Boston.

JERRY. Non ! Où sur la tête ? Y a pas de bosse.

JACKLYN. Y a quinze ans de ça, *Jerry*.

JERRY. Quinze ans ?

JACKLYN. T'étais dans le coma, mon chéri.

Un temps.

JERRY. Quinze ans ? On est en quelle année ?

WILLIAM. Si tout va bien, ça sera bientôt l'Année du *Big-Mac* !

JERRY. Quoi ?

JACKLYN. Oui ! C'est l'idée de *William*. L'Année du *Big-Mac*. C'est merveilleux et fantastique, tu trouves pas ?

JERRY. Arrêtez de me niaiser !

HENRY. Papa ? Me reconnais-tu ?

JERRY. Non. T'es qui, toé ?

JACKLYN. C'est ton fils *Henry*.

JERRY. *Henry* ? T'es sûr que c'est notre fils ? Y me semble qu'y est trop laitte.

WILLIAM. Salut papa.

JERRY. C'est qui ça ?

WILLIAM. Dans deux jours, je serai le président des États-Unis.

JERRY. De cossé ?

WILLIAM. J'aimerais te présenter ma fiancée *Mary*.

MARY. Salut… papa.

JERRY. Coudonc… Je suis le père de tout le monde, moi ?

JACKLYN. Ah ! *Jerry* ! Je suis tellement heureuse que tu sois enfin de retour parmi nous ! *(À Rover.)* C'est juste une façon de parler ! *(À tous.)* Oh ! Quelle jouissance ! *(Elle s'assoit sur ses genoux et l'embrasse sur la bouche. Très fort.)* Nous pouvons enfin être heureux ! *(À Rover.)* Viens partager notre bonheur, *Rover*. C'est ça ; saute ! Saute.

JERRY. À qui tu parles ?

JACKLYN. À *Rover*. Dis bonjour à *Rover*.

JERRY. Quoi ?

JACKLYN. Dis bonjour à *Rover*. Dis bonjour. *(Frustrée au max.)* Dis bonjour à mon chien *Rover*, estie ! Dis bonjour, câlice !

JERRY. Je vois pas de chien, moi.

JACKLYN. Dis bonjour, crisse !

MARY. Madame…

JACKLYN. Ta yeule, estie de pute !

JERRY. Calme-toi, *Jacklyn*.

JACKLYN. Dis bonjour à *Rover*, crisse d'estie de câlice !

HENRY. Maman, écoute. *Rover* existe pas.

JACKLYN. Dis-y bonjour, sacrament de câlice !

HENRY, *à Rover.* Dis-y *Rover*. Dis-y que t'existes pas.

Un temps. Elle s'arrête.

Jacklyn. Comment ça *Rover* existe pas ?

Henry. C'est un chien imaginaire.

Jacklyn. Mais… *Rover* c'est pas un chien imaginaire. Mais non… Je suis pas folle, estie !

Jerry. Moi, en tout cas, je vois pas de chien.

Jacklyn. Y est juste là, calvaire !

Jerry. *Jacky*, je pense que t'hallucines.

Jacklyn. J'hallucine pas, crisse !

Mary. *Rover* est imaginaire, Madame.

William. Oui, *Rover,* c'est un chien imaginaire, maman.

Jacklyn. Dites-pas ça, câlice ! *(À Rover.)* Je sais pas pourquoi y disent ça, *Rover*.

Henry. Y existe pas, maman.

William. On s'excuse, maman. Y existe pas.

Jacklyn. Dites pas ça, câlice de crisse. *Rover* va se choquer !

William. *Rover* a jamais existé, maman.

Jacklyn. Dites pas ça, estie ! *(À Rover.)* Choque-toi pas *Rover*. Choque-toi pas, estie !

Jerry. Arrête, *Jacklyn* !

William. *Rover* existe pas !

Jacklyn. *Rover* ! CHOQUE-TOI PAS, *ROVER*, ESTIE DE CRISSE DE CÂLICE ! CHOQUE-

TOI PAS, *ROVER,* ESTIE DE BÂTARD! *ROVER*? *ROVER*! QU'EST-CE QUE TU VAS FAIRE, *ROVER*? *ROVER*? *ROVER*! ROOOVVVER!

Henry. Maman!

Jacklyn. *ROVER* EST CHOQUÉ PIS Y VA VOUS TUER, CRISSE! Y VA VOUS TUER!

Mary. Madame, calmez-vous!

Henry. Arrête, maman!

Jerry. Ça va faire, *Jacky*!

Ils s'approchent de Jacklyn.

Jacklyn. FAITES ATTENTION, CRISSE! BOUGEZ PAS! *ROVER*? *ROVER*! *(Jacklyn lève le fusil.)* MAUDIT CHIEN ENRAGÉ!

Henry. Qu'est-ce que tu fais, maman?

Jacklyn. QU'EST-CE QUE TU FAIS *ROVER*?

William. Arrête!

Jacklyn. ARRÊTE! RESTE! RESSSTE! Y ÉCOUTE PAS, LE PETIT CRISSE! *ROVER*! *ROVER*!

Elle se prépare à tirer.

William. Maman?

Henry. Maman. Donne-moi le *gun*. *(Elle s'avance sur William.)* Bouge pas.

Jacklyn. BOUGE PAS, *ROVER*!

Henry. Maman! Baisse le *gun*!

Jacklyn. Y EST DEVENU FOU DE RAGE! ATTENTION! Y VA VOUS DÉVORER!

Henry. Maman! MAMAN!

Jacklyn. *ROVER! ROVER!*

Elle vise William.

William. Maman? Qu'est-ce que tu fais? Baisse le *gun*.

Jacklyn. *Rover! ROVER! Rover?* Y va te dévorer, *William*!

William. Maman! C'est juste moi, ton fils, *William*!

Jacklyn. *Rover? Rover! ROVER!* ARRÊTE, *ROVER*!

Elle tire. William est touché par une balle.

William. Ayoye! Ça fait mal ça! *(Il titube.)* Oups. Je pense que je vas mourir moi, là.

En effet, il s'écroule par terre et meurt.

Jacklyn. CRISSE! JE L'AI MANQUÉ. Y A DÉVORÉ *WILLIAM*!

Mary court à la rescousse de William.

Mary. *William*! Mon pauvre *William*!

Jacklyn. *Mary*! FAIS ATTENTION, *Mary*!

Elle tire de nouveau. Mary est atteinte par une balle. Elle s'écroule par terre.

Mary. Je meurs ! Au revoir…

Jacklyn. *Shit* ! Je l'ai manqué.

Mary. Au revoir, monde cru…

Jacklyn vise la bedaine de Mary et tire. Mary meurt.

Jerry. *Jacky* ! *Jacky* ! JACKY !

Elle se tourne.

Jacklyn. Y est où ? Y est où, *Rover* ?

Jerry. *Jacky*. Voyons donc. Y en a pas de chien.

Elle vise Jerry.

Jacklyn. Fais attention. Je le vois pas.

Jerry. Tu vas pas faire ça. Han ? *Come on*. C'est moi, *Jerry*. Regarde. Y a pas de chien.

Il s'avance sur elle.

Jacklyn. AH, HA ! T'ES LÀ !

Elle tire. Jerry tombe.

Jerry. Eille, tabarnac ! C'est pas le *fun*, ça.

Il meurt. Un temps.

Henry. Maman ! Maman ! *(Un temps.)* Maman !

Jacklyn. Pourquoi t'as tué toute ma famille, *Rover* ? Han ? Pourquoi t'as fait ça ? Parce que maman t'aimait pas assez ? Han ? Parce que je t'ai trop gâté ? *(Un temps.)* On était finalement heureux, toute la famille ensemble. *(Rover* *saute dans ses bras. Jacklyn l'attrape. Elle flatte Rover dans le sens du poil.)* T'étais tellement bon. Tellement fin. *(Un temps.)* Y me reste p'us rien asteure. *(Elle pointe le fusil vers Rover – de façon aussi à ce que le fusil vise sa tête.)* Je m'excuse *Rover*. J'ai pas le choix.

HENRY. Maman! Maman! Non!

Elle tire et meurt sur le coup.

Noir.

SCÈNE 22

Dans le studio.

HENRY. Voilà toute l'histoire.

LILIANNE PAUL. Et quelle histoire !

HENRY. C'est pas si étonnant que ça quand vous y pensez. Notre rêve était juste trop grand. La folie a triomphé de la réalité. Et c'est ça qui est tragique – on était pas capable de *dealer* avec la réalité, alors on s'est créé un monde fictif qui devait s'écrouler un jour ou l'autre. C'est pas tous les rêves qui se réalisent. Si on gonfle trop une baloune, c'est sûr qu'a' va finir par nous péter en pleine face.

LILIANNE PAUL. Eh oui, c'est très très tragique. Tragédique, même.

HENRY. Mets-en.

LILIANNE PAUL. Et qui sait, peut-être que *William* aurait été un excellent président. Peut-être même le plus grand président de tous les temps.

HENRY. On le saura jamais, asteure.

LILIANNE PAUL. Eh, oui... Alors, voilà ! C'est tout le temps qu'on a. Je tiens à remercier notre invité, *Henry Prozac,* tout en lui offrant, au nom de toute la nation, nos plus sincères condoléances et à vous, chers internautes et téléspectateurs, je vous souhaite une bonne soirée. À la prochaine.

Un temps. On entend la musique thème. Henry se lève et se dirige vers la sortie.

LILIANNE PAUL. *Henry*, attend !

HENRY. Oui ?

LILIANNE PAUL. Merci pour un bon *show*. C'était très amusant ce que t'as raconté. On a sûrement eu des bonnes cotes d'écoute ce soir et je t'en remercie.

HENRY. Ah, de rien.

LILIANNE PAUL. Pis le peuple, y va gober ça sans même y penser. Ils adorent des histoires comme ça. Bravo. Mais entre moi pis toi, qu'est-ce qu'y est arrivé à la fin ?

HENRY. Quoi ?

LILIANNE PAUL. Viens pas me dire que ç'a fini de même.

HENRY. Qu'est-ce qui te fait dire ça ?

LILIANNE PAUL. Premièrement : t'es le seul qui a survécu à l'attaque. Pourquoi elle aurait choisi de t'épargner avant de tourner le fusil contre elle-même ? Deuxièmement : le portrait que tu t'es fait de toi-même est pas très flatteur. Un gars qui dévoile son côté crasseux a toujours quelque chose à cacher ou à se faire pardonner. Troisièmement : ta mère était peut-être folle, mais elle était pas si folle que ça. Elle tuerait pas toute sa famille parce qu'on lui a annoncé que son chien était imaginaire.

HENRY. T'as beau penser ce que tu veux…

LILIANNE PAUL. C'est toi qui les a tués, han ?

HENRY. La vraie question que tu devrais me poser c'est : penses-tu que *William* allait gagner ?

LILIANNE PAUL. Le peuple américain est pas si fou que ça.

HENRY. Je suis pas sûr. *(Un temps.)* Je suis vraiment pas sûr.

FIN !

Marc PRESCOTT

Dramaturge, metteur en scène et comédien, Marc Prescott est né en 1971 à Sainte-Anne-des-Chênes au Manitoba. Après avoir décroché un baccalauréat en éducation au Collège universitaire de Saint-Boniface, il a étudié en écriture dramatique à l'École nationale de théâtre du Canada à Montréal. Marc Prescott a traduit et adapté un bon nombre de pièces pour le théâtre, et a rédigé des textes pour la radio de Radio-Canada. Ses œuvres ont été jouées au Canada et en France. Sa pièce *L'Année du Big-Mac* (1999) a été l'un des plus grands succès populaires qu'ait connu l'École nationale de théâtre du Canada. Sa pièce *Bullshit*, créée à Saint-Boniface (Manitoba) en janvier 2001 par le Cercle Molière sous le titre «Poissons», a remporté le Masque de la Meilleure production franco-canadienne de l'Académie québécoise du théâtre. Marc Prescott a été dramaturge en résidence au Cercle Molière. Sa pièce, *Raconte-moi*, créée au Collège universitaire de Saint-Boniface, a été présentée à Avignon (France) en mars 2002. *Encore*, créée au Cercle Molière en octobre 2003, a joué à guichet fermé. La première manitobaine de *L'Année du Big-Mac* a été présentée en octobre 2004.

ŒUVRES DE L'AUTEUR

Sex, Lies et les F.-M.
- Créée au Théâtre Chiens de Soleil du Collège universitaire de Saint-Boniface (Saint-Boniface, 1993).
- Publiée aux Éditions du Blé dans *Big!; Bullshit; Sex, Lies et les Franco-Manitobains*, collection Rouge, 2001.

Et si Dieu jouait aux dés?
- Créée au Théâtre de la Seizième (Vancouver, 1998) dans une mise en scène d'Alain Jean.
- Présentée dans une mise en scène de l'auteur par le Théâtre Chiens de Soleil du Collège universitaire de Saint-Boniface (Saint-Boniface et Lyon, France, 1999).

Un pas de géant pour l'humanité
- Créée à l'École nationale de théâtre du Canada (Montréal, 1997) dans une mise en scène de Stéban Sansfaçon.

Surprise!
- Créée à l'École nationale de théâtre du Canada (Montréal, 1997) dans une mise en scène de Nicolas Rollin.

La Demande de subvention
- Texte radiophonique diffusé sur les ondes de la Société Radio-Canada (1997) dans une réalisation de Line Meloche.

Bonne fête Nathalie
- Pièce pour enfants créée à l'École nationale de théâtre du Canada (Montréal, 1998) dans une mise en scène de Gervais Gaudreault.

Les Valises
- Pièce pour enfants créée à l'École nationale de théâtre du Canada (Montréal, 1998) dans une mise en scène de Gervais Gaudreault.

Big!
- Créée au Théâtre du Nouvel-Ontario en co-production avec l'Institut franco-ontarien (Sudbury, 1998).
- Diffusée sur les ondes de la Société Radio-Canada (1999).
- Publiée dans *Contes d'appartenance*, Éditions Prise de parole (Sudbury, 1999) et dans *Big!; Bullshit; Sex, Lies et les Franco-Manitobains,* collection Rouge, Éditions du Blé (Saint-Boniface, 2001).

L'Année du Big-Mac
- Créée à l'École nationale de théâtre du Canada (Montréal, 1999) dans une mise en scène de Jean-Stéphane Roy.
- Publiée aux Éditions du Blé, collection Rouge, 2004.

Bullshit
- Créée au Cercle Molière (Saint-Boniface, 2001) sous le titre « Poissons » dans une mise en scène de Jean-Stéphane Roy.
- Publiée dans *Big!; Bullshit; Sex, Lies et les Franco-Manitobains* (collection Rouge, Éditions du Blé, 2001).

Raconte-moi
- Créée au Théâtre Chiens de Soleil du Collège universitaire de Saint-Boniface (Saint-Boniface, 2002) dans une mise en scène et une scénographie de l'auteur.
- Présentée à Avigon (France) en mars 2002.

Encore
- Créée par le Cercle Molière le 10 octobre 2003 dans une mise en scène de l'auteur.
- Publiée par les Éditions du Blé (Saint-Boniface, 2003).
- Une version radiophonique, réalisée par Pierre Guérin, a été diffusée sur les ondes de la Société Radio-Canada à l'automne 2004.

Les Clous, Thomas et le Tank et *Billie*
- Créées par le Théâtre du Grand Cercle le 1er mars 2004 au Foyer du Centre culturel franco-manitobain dans une mise en scène de l'auteur.

TRADUCTIONS

Le mariage obligé
- Traduction de la pièce *The Newlyweds* de Réjean Bédard pour le Théâtre du Parminou (Victoriaville, 1999).

Salvation
- Traduction de la pièce *Salvation* de Robin Andrew Wilcock, créée au Cercle Molière (Saint-Boniface, 1998) dans une mise en scène de Roland Mahé.

O.V.N.I.R.E.X.
– Traduction de la pièce *U.F.O.R.E.X.* de Edward Roy, créée au Cercle Molière (Saint-Boniface, 1997) dans une mise en scène d'André Perrier.

Poussières éphémères
– Traduction de la pièce *Dust and Dreams* de Connie Kaldor pour le Cercle Molière et l'Unithéâtre, présentée à Edmonton, Saskatoon et Saint-Boniface en 2002 dans une mise en scène de Kim McCaw.

Séquestrés
– Traduction de la pièce *Sequestered* de Glenn Joyal, créée au Cercle Molière de Saint-Boniface en 2004 dans une mise en scène de Roland Mahé.

1.
Charles Leblanc
*PRÉVIOUZES
DU PRINTEMPS*
poésie

2.
Alexandre Amprimoz
DIX PLUS UN DEMI
poésie

3.
J.R. Léveillé
L'INCOMPARABLE
essai (littéraire)

4.
Suzanne Gauthier
VORTEX
livre d'artiste

5.
Bernard Mulaire
CHIEN
essai (beaux-arts)

6.
Marcel Gosselin
DELTA
livre d'artiste

7.
J.R. Léveillé
MONTRÉAL POÉSIE
texte

8.
Janick Belleau
*L'EN-DEHORS
DU DÉSIR*
poésie

9.
Charles Leblanc
*D'AMOURS
ET D'EAUX
TROUBLES*
poésie

10.
Louise Fiset
*404 BCA – DRIVER
TOUT L'ÉTÉ*
poésie

11.
Charles Leblanc
*LA SURCHARGE
DU RÉSEAU*
poésie

12.
Jean-Pierre Dubé
LA GROTTE
roman

13.
Charles Leblanc
CORPS MÉTÉO
poésie

14.
Louise Fiset
SOUL PLEUREUR
poésie

15.
Marcel Gosselin
MOZES
livre d'artiste

16.
Marc Prescott
*BIG! / BULLSHIT /
SEX, LIES ET LES F.-M.*
théâtre

17.
Charles Leblanc
*L'APPÉTIT
DU COMPTEUR*
poésie

18.
J.R. Léveillé
NOSARA
roman

19.
Guy Gauthier
JOURNAL 5.1
journal

20.
Marc Prescott
*L'ANNÉE
DU BIG-MAC*
théâtre

Achevé d'imprimer
en octobre 2004
sur les presses de Hignell Book Printing
Winnipeg (Manitoba)
pour le compte des Éditions du Blé

Deuxième tirage : août 2013